Feng Shui, die Kunst des Bauens

Bauen mit Feng Shui in der 8. Periode

Dr. Arianna Severin

Feng Shui, die Kunst des Bauens

Bauen mit Feng Shui in der 8. Periode

Synergia

1. Auflage, 2012

Veröffentlicht im Synergia Verlag, Erbacher Straße 107,
64287 Darmstadt, www.synergia-verlag.de

Umschlaggestaltung, Gestaltung und Satz: FontFront.com, Darmstadt
Printed in CZ by FINIDR S.R.O.
ISBN-13: 978-3-939272-20-5

Bibliografische Information der Deutschen Bibliothek
Die Deutsche Bibliothek verzeichnet diese Publikation in der deutschen Nationalbibliographie; detaillierte bibliografische Daten sind im Internet unter http://dnb.ddb.de abrufbar.

Inhaltsverzeichnis

Vorwort

Feng Shui beginnt im Grunde, wenn man sich mit einem Bauprojekt beschäftigt, schon mit dem richtigen Planen. Es ist nämlich wesentlich einfacher und kostengünstiger, ein Gebäude gleich von Anfang an nach dem Feng Shui-Prinzip zu errichten, als nachträglich die Energie mittels Feng Shui-Maßnahmen zu verbessern.

Für die meisten Menschen bedeutet, ein Haus zu bauen, einen Lebenstraum zu verwirklichen, den man sich meist nur einmal erfüllen kann und der, nicht zuletzt, viel Geld kostet. Das neue Heim soll natürlich in jeder Hinsicht perfekt sein, denn man möchte hier ja gegebenenfalls das ganze Leben verbringen, das heißt: Kinder erziehen, die Freizeit gestalten und möglicherweise sogar ein Büro einrichten, um zu Hause in einer angenehmen Umgebung erfolgreich arbeiten zu können.

In Büros und Geschäften, die nach der Feng Shui-Methode erbaut und eingerichtet wurden, herrscht im Allgemeinen eine harmonische, spürbar vitalisierende Wohlfühl-Atmosphäre, die sich positiv auf die Effizienz und die Motivation der Mitarbeiter auswirkt. Große Unternehmen vertrauen bereits auf Feng Shui; sie haben gemerkt, dass sie damit die Profite steigern, aber mehr noch die Effektivität optimieren und die Kollegialität der Mitarbeiter untereinander verbessern können. In einem angenehmen Arbeitsumfeld ist außerdem für den behaglichen Aufenthalt der Kunden und Gäste gesorgt. Feng-Shui, in Krankenhäusern und Kliniken impliziert, reduziert die Ängste der Patienten, hat positive Auswirkungen auf die zwischenmenschliche Kommunikation und stärkt die Konzentrations- und Leistungsfähigkeit des Personals.

Wiener Krankenhaus Lainz, Urologie

Nach der chinesischen Auffassung durchdringt das Qi, d. h. die Energie, alles, was uns umgibt und alles, was um uns herum geschieht. Demzufolge ist die greifbare Materie, d. h. Berge, Flüsse, Bäume, Gebäude usw., eine Erscheinungsform der universellen Energie. Das Bauwerk wird demnach als „lebender" Organismus betrachtet, der die darin wohnenden Menschen mit seinen Schwingungen beeinflusst. Die Energie des Gebäudes ist also als wesentlicher Bestandteil des geschäftlichen und damit finanziellen Erfolgs zu bewerten, die sich auf die Gesundheit und das allgemeine Wohlbefinden auswirkt und somit auf die Verwirklichung der unterschiedlichsten Zukunftspläne. Das kann die Erziehung der Kinder und deren Erfolge in der Schule betreffen sowie alle anderen Lebensbereiche auch.

Aber nicht nur das Gebäude, in dem gelebt wird, auch die nähere Umgebung (Garten, Wald, Straßen, benachbarte Häuser, möglicherweise ein See usw.) ist an diese Bedingungen geknüpft und an dieser Entwicklung beteiligt, denn dies wirkt sich erheblich auf unser Leben aus. Dies können wir größtenteils jedoch nicht bewusst wahrnehmen, weil es sich unbemerkt in unserem Unterbewusstsein abspielt.

Ohne den Einsatz einer Feng Shui-Beratung kann der Bauherr also gar nicht wissen, ob das Bauwerk mit einer optimalen Energie ausgestattet ist. Schon während der Planung kann der Feng Shui-Berater exakt berechnen, wie die Feng Shui-Methode sich am wirkungsvollsten in das Bauvorhaben einbringen lässt. Die Grundlagen der Berechnung sind die

Grundstücksform, die landschaftliche Umgebung, die persönlichen Daten der zukünftigen Bewohner und das Jahr der Fertigstellung.

Fassade in Cabourg, Frankreich

Häuserfront auf Usedom

Architektur in Ahlbeck

Eckhaus in Palma de Mallorca

Das Bauen und Planen mit Feng Shui bedeutet nicht etwa, dass man an einen bestimmten Bau- oder Einrichtungsstil gebunden ist. Feng Shui kann bei einem modernen als auch bei einem konventionellen Baustil angewendet werden; insofern können damit generell alle Bauvorhaben realisiert werden.

Die „gute Energie“, die mithilfe von Feng-Shui erzeugt werden kann, hat darüber hinaus aber noch weitere Vorteile: Sie erhöht die Lebensdauer des Gebäudes, reduziert die Reparaturanfälligkeit und verringert die Fluktuation, falls eine Vermietung geplant ist. Feng Shui ist eine Investition, die den Profit erhöht, den Krankheitsstand senkt, Ausgeglichenheit und Freundlichkeit gegenüber den Gästen und Kunden fördert.

Bauen mit Feng Shui ist außerdem nicht teurer als ohne – abgesehen vom Berater-Honorar. Dafür hat der Bauherr aber die berechenbare

Sicherheit, dass das Gebaute eine gute Energie hat und dass die Menschen in dem Gebäude gesund und glücklich wohnen können. Denn Wohlbefinden und Erfolg werden nicht dem Zufall überlassen! Die wichtigste Investition in einen Lebenstraum soll schließlich Harmonie und Glück bringen.

Was ist Feng Shui?

Feng Shui ist eine Wissenschaft[1], die ursprünglich aus der Beobachtung der Naturgesetze, d. h. der Anwendung des Yin-und-Yang-Prinzips, der Lehre der Fünf-Elemente und der Landschaftsformen entstanden ist. In den letzten 2.000 Jahren, besonders während der Ming- (1368 - 1644) und Qing-Dynastie (1644 - 1911) haben verschiedene Gelehrte aus diesem Wissen ein kompliziertes Berechnungssystem entwickelt, das heute als Grundlage des Feng Shui gilt.

Vor der Tang-Dynastie (618 - 907) hatte man Feng Shui angewendet, um geeignete Orte zu finden, beispielsweise für Städte, Paläste und Gräber. Damals nannte man Feng Shui noch „Kan Yu", was übersetzt bedeutet: „den Himmel und die Erde beobachten". Während der Tang-Dynastie entstand das „San He-System" (übersetzt: „drei Harmonien"), das die Einflüsse der Landschaft – d. h. Berge, Flüsse, Teiche, Hügel – auf die Wohnqualität erforschte und weiterentwickelte. Später entstand dann das „San Yuan-System" (übersetzt: „drei Zyklen"), das die Landschaftsmerkmale der Umgebung mit den I Ging-Prinzipien[2] kombinierte. Beide sind Bestandteile des klassischen Feng Shui.

Erst am Ende der Qing-Dynastie, d. h. vor ca. 100 Jahren, begann man mit der Umbenennung von „Kan Yu" in Feng Shui; wörtlich übersetzt bedeutet diese Bezeichnung: „Wind und Wasser". Wind und Wasser gelten als natürliche Erscheinungen des Qi, das vom Wind zerstreut und am Rande des Wassers gesammelt wird[3]. In Feng Shui geht es um den Qi-Fluss, der einen gewissen Ort positiv oder negativ kennzeichnet; deswegen kann man Feng Shui als Kunst des Qi bezeichnen. Die

Qi-Qualität eines Ortes kann demnach zu Gunsten der Bewohner nutzbar gemacht werden, damit die nicht nur gesund leben, sondern auch ihre Lebensziele erreichen können.

Überall auf der Welt sind in der Vergangenheit bereits Erfahrungswerte über den Einfluss des Wohnumfeldes auf das Leben der Menschen gesammelt worden. Dieses „alte" Wissen ging leider zum großen Teil im Laufe der Zeit verloren. Deswegen sind wir nun auf die chinesische Kunst des Wohnens, die Feng Shui-Methode, angewiesen.

Feng Shui ist ein einzigartiges System, um die Wohnqualität und dementsprechend die Lebensqualität bewerten und berechnen zu können.

Die Umwelt- und die Architekturpsychologie hat uns in den letzten Jahrzehnten bezüglich der Aspekte der Wirkung der unbebauten und bebauten Umwelten und demzufolge in Bezug auf das Verhalten und Empfinden der Menschen sensibilisiert. Diese sind moderne Teildisziplinen der Psychologie, sie beinhalten aber nicht die Erfahrungswerte und Berechnungssysteme der Feng Shui-Lehre.

Yin- und Yang-Prinzip

Yin und Yang haben sich ursprünglich auf zwei Energiemanifestationen bezogen: passiv und aktiv, unbeweglich und beweglich. Der Einfachheit halber hat man sie in China mittels zwei Linien dargestellt: Die gebrochene Linie ist Yin — —, die unterbrochene Linie Yang ——.

Aus diesen einfachen Erkenntnissen ist ein kompliziertes philosophisches System entstanden, das jede Erscheinung, z. B. Charaktereigenschaften, Emotionen, Verhaltensmuster, Jahreszeiten, Farben usw. darstellt: Sommer ist Yang, Winter ist Yin, Hitze ist Yang, Kälte ist Yin, Rot ist Yang, Schwarz ist Yin, Vernunft ist Yang, Intuition ist Yin, Logik ist Yang, Phantasie ist Yin usw.

Die dualen Urkräfte, Yin und Yang, sind aus der vollkommenen Ureinheit und Harmonie entstanden: Gemäß Laotse bringt die Einheit die Zwei (Yin) hervor, die Zwei bringt die Drei (Yang) hervor, die Drei bringt die Gesamtheit unserer Welt[4] hervor. Die Welt erklärt sich demnach durch die Yin-Yang-Polarität, die als Erscheinungsmuster aller Manifestationen auf der Erde gilt. Yin ist das Weibliche, das Passive, das Ruhige, der Schatten, die Nacht, der Mond.

Yang ist das Männliche, die Aktivität, die Bewegung, das Licht, der Tag, die Sonne. Unser Leben spielt sich in dem Spannungsverhältnis von Einheit und Unterscheidung ab: Ohne die Nacht kann es keinen Tag geben, ohne Winter keinen Sommer, ohne Kälte keine Wärme. Das Yang bedingt das Yin und das Yin das Yang, so wie das Licht den Schatten bedingt und umgekehrt.

Das Yin-Yang-Symbol vermittelt uns, dass es immer um eine Einheit von Yin und Yang geht, dass in jedem Yin auch ein klein wenig Yang enthalten ist und umgekehrt: In der dunklen Hälfte des Kreises befindet sich ein weißer Punkt und in der hellen Hälfte ein schwarzer. Jedes Yin birgt das Yang; jedes Yang das Yin in sich: In der dunklen Nacht (Yin) scheint das helle Licht (Yang) der Sterne; auf einer sonnigen (Yang) Wiese wirkt der Schatten (Yin) der Bäume regenerierend. Ein Wintertag (Yin) wird von Sonnenstrahlen (Yang) erwärmt; alles ist entweder mehr Yin oder mehr Yang; alles ist entweder weniger Yin oder weniger Yang. Rosa ist mehr Yin als Rot, Rot dagegen weniger Yin als Rosa; der Herbst ist mehr Yang als der Winter, der Winter mehr Yin als der Frühling.

Die Einheit von Yin und Yang in unserer Umgebung produziert eine lebensspendende Energie, die unsere Lebensqualität positiv beeinflusst. In der Natur gehören Berge zum Yin-Prinzip, fließendes Wasser zum Yang-Prinzip. Im Außenbereich sind Hügel, Berge und Gebäude Yin, weil sie unbeweglich und stabil sind. Flüsse, Bäche und Straßen sind dagegen Yang, weil sie mit Aktivität und Dynamik zu tun haben. In der Architektur ist der Innenbereich eines Hauses Yin, der Außenbereich, d. h. die nähere Umgebung, Yang. Wenn wir das Yin- und Yang-Prinzip im Innenbereich unterscheiden, dann ist das Schlafzimmer als Raum der Ruhe und Entspannung Yin, das Wohnzimmer, die Küche, der Arbeitsraum Yang, weil hier Aktivitäten stattfinden. Ein Haus hat demnach ein gutes Feng Shui, wenn sowohl im Innenbereich als auch im Außenbereich das Yin und Yang im Gleichgewicht sind, d. h.: Schattige und sonnige Stellen mit abwechselnd ebenen und erhobenen Strukturen sorgen im Garten für ein harmonisches Wechselspiel von Yin und Yang. Wenigs-tens ein Raum, am besten das Wohnzimmer, sollte von den wärmenden Sonnenstrahlen (Yang) durchflutet werden, um die stagnierende Energie einer vollständigen Abschattung (Yin) zu vermeiden. Die

Farbauswahl der Wände und Decken sollte einer gesunden Mischung von Yin (pastellig und dunkel) und Yang (grell und hell) entsprechen.

Bezüglich der Inneneinrichtung haben hohe und enge Möbel einen Yang-, niedrige Kommoden dagegen einen Yin-Bezug. Tapeten mit vertikalen Streifen sind Yang, Kissen mit horizontalen Stoffmuster Yin; hängende Pflanzen Yin, aufstrebende Yang. Kräftig leuchtende Farben sind durch Yang, pastellige Töne durch Yin charakterisiert, ebenso verhält es sich bei glatten und glänzenden Oberflächen (Yang), rauen Materialien (Yin), geradlinige Formen (Yang), geschwungene Formen (Yin). Hängelampen machen die Atmosphäre Yang-betont, Tischlampen erzeugen dagegen eine kuschelige Yin-Stimmung.

Alles lässt sich also einem dieser beiden Prinzipien zuordnen, so auch die Persönlichkeitseigenschaften. Wenn Sie phantasievoll, ruhig, kreativ, sensibel, fürsorglich und flexibel sind, tendieren Sie zu mehr Yin. Deswegen sollten Sie dies mit einer Yang-Umgebung kompensieren: glänzende Flächen, Spiegel, Dekorationsartikel mit vertikalen Linien und intensive Farben. Zielstrebigkeit, Präzision, Selbstsicherheit, Entschlossenheit und Stärke sind Yang-Eigenschaften, die in einer Yin-Atmosphäre ausgeglichen werden können. Kissen, Vorhänge, Teppiche, Pastellfarben, gedämpfte Beleuchtung erzeugen das Yin (siehe hierzu Beispiel auf Seite 37).

Gutes Feng Shui bedeutet demzufolge, dass die Yin-und Yang-Kräfte in einem Gleichgewicht sowohl in unserer Umgebung als auch in unserer Person sind. Wenn entweder Yin oder Yang vorherrschen, entsteht ein Ungleichgewicht, das sich negativ auf die Gesundheit und das Wohlbefinden samt und sonders auswirkt.

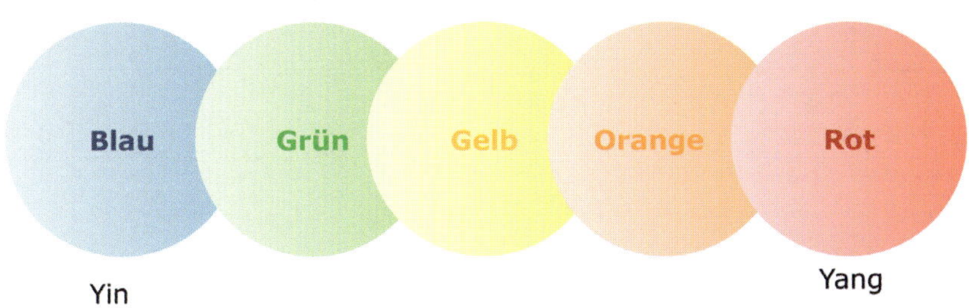

Fünf-Elemente-Lehre

Die Lehre der „Fünf Elemente“ hat sich aus den Prinzipien von Yin und Yang und aus der Beobachtung des Kosmos entwickelt[5)]. Die fünf Elemente bezeichnen Urkräfte, die durch Holz, Feuer, Erde, Metall und Wasser verkörpert werden. Die jeweils ursprüngliche Form ist in der Natur ganz selbstverständlich zu finden: So steht ein Teich für das Element Wasser, ein Baum für Holz, eine Feuerstelle für Feuer, Sand für Erde, Silber für Metall. Diese fünf Elemente werden in Zusammenhang mit Farben, Jahreszeiten, Himmelsrichtungen, Planeten, Körperorganen, Musiknoten und mehr gebracht. Die Grundprinzipien von Yin und Yang und den fünf Elementen sind also keineswegs nur ein chinesisches Phänomen; es sind vielmehr universelle Gesetze, mit denen wir alle zu tun haben. Wer einen Spaziergang im Wald (Holz) macht, tankt Holz-Energie, wer sich einen Schwimmtag im Meer (Wasser) gönnt, tankt Wasser-Energie. Die Sommerhitze (Yang) bringt uns alle zum Schwitzen und die Winterkälte (Yin) zum Frieren. Pastellige Farben (Yin) wirken bei Menschen beruhigend, grelle Farben (Yang) dagegen stimulierend. Diese Erkenntnis an sich und die Kenntnisse über die praktikablen Anwendungsmethoden der Lehre der fünf Elemente und der des Yin- und Yang-Prinzips ermöglichen somit eine harmonische Gestaltung der Wohnräume.

Minarette der Blauen Moschee in Istanbul

Holz

Holz verkörpert die Energie, die nach oben wächst, wie ein Baum. Die Form des Holzes ist hoch, schmal und aufstrebend: Kirchtürme, Wolkenkratzer, Obelisken, Säulen, Minarette und Schornsteine zählen deshalb zum Element Holz. Üppige Vegetation und Wälder kennzeichnen ebenso eine Holzlandschaft. Häuser, die vorwiegend aus Holz gebaut oder mit vertikalen Holzpanelen bedeckt sind, gehören zum Element Holz. Dieses Element kann in Innenräumen durch die Verwendung von Pflanzen, Gegenständen aus Holz und Säulen ebenfalls eingebracht werden.

Pyramide / Louvre in Paris

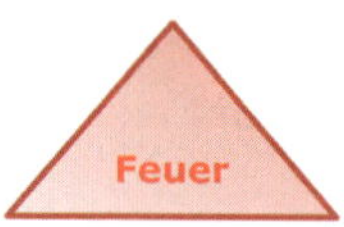

Feuer transformiert das brennende Material und trägt seine Energie nach oben: Wie die Flamme nach oben aufsteigt, so symbolisiert das Feuer alles Aufstrebende. Pyramidenförmige Strukturen, Türme mit Spitzdächern, aber auch spitze Berge erzeugen demzufolge die Feuer-Energie. Ein Ofen, ein Kamin, Lampen, Kerzen sowie tierische Produkte wie Leder verstärken in den Innenräumen das Element Feuer.

Dogenpalast in Venedig

Erde

Die Energie der Erde bewegt sich horizontal, deswegen gilt als Erdform alles, was flach, niedrig oder liegend gestaltet ist, wie: Rechtecke, Quader, auch lang gestreckte Formen wie Wohnblocks, Flachdachgebäude. Abgeflachte Berge und eine vorwiegend flache Landschaft erzeugen eine so genannte Erd-Schwingung. Das Erdhafte kann in Innenräumen durch flache und rechteckige Kommoden, Gegenstände aus Keramik, Porzellan und Ton, geflieste Böden oder durch einen braunen Teppichboden wirksam werden.

Petersdom in Rom

Metall

Die Metallform spiegelt sich in sanft gerundeten Hügeln, einem runden Gebäude oder auch in einem Dach mit Kuppelgestalt wider. Metallbetont gelten auch die oftmals abgerundeten Außenwände von Burgen und Schlössern. Arkaden, runde Unterführungen, Brückenbögen und Gewölbe – wie bei religiösen Gebäuden – sowie Adelspaläste oder Arenen gehören auch dazu. Metall- und Silbergegenstände, Münzen, runde Vasen, Metalluhren etc. verbreiten gleichfalls Metallenergie in dem Umfeld.

Gebäude von Hundertwasser (Waldspirale in Darmstadt)

Wasser

Wasser hat keine bestimmte Form, kann sich aber allen Formen anpassen und sich ständig verändern. Deswegen gilt es als Ausdruck der Wandlung und Veränderung. Alles das, was unregelmäßig ist, wird demnach dem Element Wasser zugeordnet. Wassergebäude sind oftmals asymmetrisch und verspielt; ondulierte Bergketten und wellenförmige Hügelformationen sind typische Wasserlandschaften. Mit einem Zimmerbrunnen, einem Wasserfallbild oder auch nur einer Schale mit Wasser können Sie dieses Element in Räume einbringen und integrieren.

Die Fünf-Elemente-Lehre stellt also dynamische Prozesse (Wandlungen) dar, die zyklisch interagieren.

Fütterungszyklus

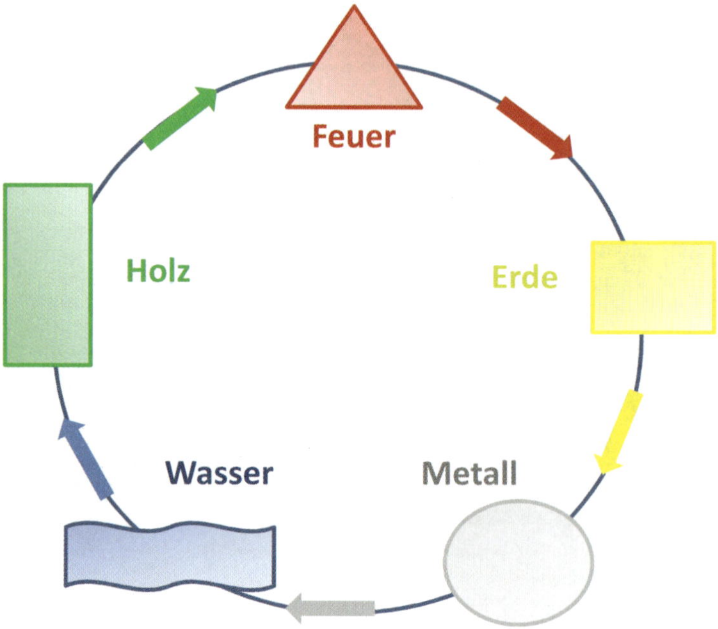

- Holz bringt Feuer hervor
- Feuer produziert Asche, d. h. Erde
- aus der Erde gewinnt man Metall
- Metall kann geschmolzen werden und wird flüssig, wie Wasser
- mit Wasser kann man Pflanzen und Bäume gießen

In diesem Zyklus nährt ein Element das andere; man nennt dies auch den „Mutter-Kind-Zyklus“: Ohne Regen (Wasser) würden die Wälder und die Vegetation, d. h. Holz, nicht existieren. Feuer kann im Kamin gezündet werden, weil die Natur Bäume (Holz) liefert, somit ist Holz ein notwendiger Brennstoff für die Existenz des Feuers.

Kontrollzyklus

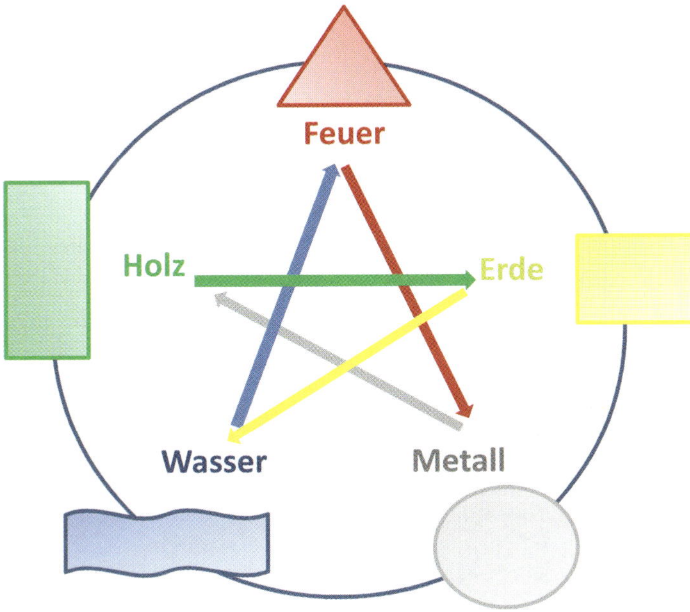

- Holz entzieht der Erde Nahrung
- Feuer schmelzt Metall
- Erde verschmutzt Wasser
- Metall schneidet Holz
- Wasser löscht Feuer

Im Gegensatz zum Fütterungszyklus wird im Kontrollzyklus das jeweilige Element geschwächt. Dennoch ist der Kontrollzyklus ebenso wichtig wie der Fütterungszyklus, weil durch ihn die überschüssige Energie des jeweiligen Elements kontrolliert werden kann. D. h.: Bäume, Büsche und Hecken (Holz) müssen mit einer Säge (Metall) geschnitten werden; ein Brand (Feuer) kann mit Wasser gelöscht werden; ein schlammiger Sumpfboden kann mit der Aufschüttung von Erde entwässert werden.

Schwächungszyklus

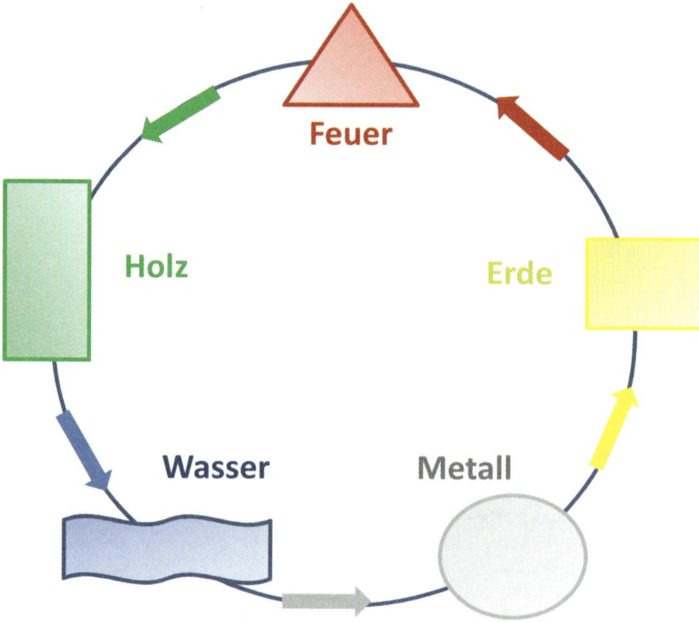

- Pflanzen und Bäume, d. h. Holz, saugen Wasser auf
- Feuer verbrennt Holz
- Erde erstickt Feuer
- Erde, aus der Metall gewonnen wird, ist ärmer
- Wasser korrodiert Metall

Jedes Element unterstürzt also das nachfolgende, wird dadurch aber auch ausgelaugt. So gießt man z. B. mit Wasser die Bäume, dadurch wird Wasser verbraucht. Dieser Zyklus hat demnach ebenso seine Daseinsberechtigung, denn ohne Bäume und Pflanzen wird das Regenwasser nicht absorbiert.

Schädigungszyklus

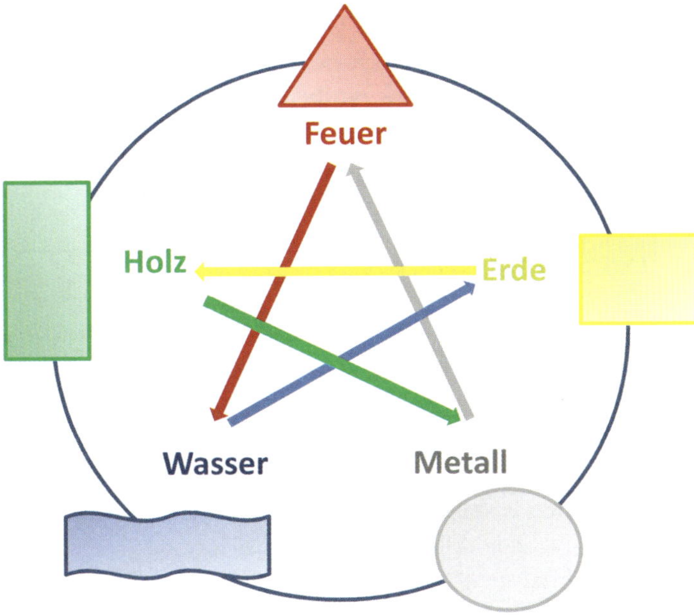

- Wasser weicht Erde auf
- Erde erstickt Holz
- Holz macht Metall stumpf
- Metall entzieht dem Feuer die Hitze
- Feuer verdampft Wasser

Auch dieser Zyklus ist wichtig, obgleich er seine Wirkungskraft „zerstörerisch“ entfaltet, d. h.: Das übermächtige Element vernichtet das andere. Durch die Verwitterung (Wasser) wird Gestein und Boden (Erde) weggeschwemmt; in der Wüste erstickt der Sand, d. h. Erde, die Vegetation (Holz); beim Feuerschweißen von Metallen wird die Flamme (Feuer) erstickt.

Jedes Element hat eine Yin- und Yang-Ausprägung: Rohes Metall ist hart, deswegen Yang; bearbeitetes Gold dagegen ist Yin. Das ruhige Wasser eines Teiches ist Yin, das sprudelnde eines Wasserfalls Yang. Harte, naturbelassene Steine sind Yang, feiner Sand Yin. Die Sonne mit ihrer Wärme und strahlenden Helligkeit stellt das Yang-Feuer dar, die kleine Flamme einer Kerze dagegen das Yin-Feuer. Bäume bringen Yang-Holz, Schnittblumen Yin-Holz hervor.

Himmelsrichtungen

Die vier Haupthimmelsrichtungen (Osten, Süden, Westen, Norden) und die vier Zwischenhimmelsrichtungen (Südosten, Südwesten, Nordwesten und Nordosten) werden einem Element zugeteilt. Jede Himmelsrichtung ist mit den fünf Elementen verbunden und fördert die jeweils zu den Elementen gehörenden Qualitäten. Ein Schlafzimmer im Norden aktiviert zugunsten der dort schlafenden Personen die Qualitäten des Wassers, d. h.: Nachdenklichkeit, Kommunikationsfähigkeit und Toleranz. Ein Schlafzimmer im Süden bringt die Qualitäten des Feuers hervor, d. h.: Vitalität, Leidenschaftlichkeit, Mut und Tatkraft.

Himmelsrichtung	Element
Osten	Holz
Südosten	Holz
Süden	Feuer
Südwesten	Erde
Westen	Metall
Nordwesten	Metall
Norden	Wasser
Nordosten	Erde

Elemente	Eigenschaften
Holz	intuitiv, sensibel, kreativ, phantasievoll, begeisterungsfähig, naturliebend, naiv, zielstrebig, egozentrisch, freiheitsliebend
Feuer	aktiv, tatkräftig, lebhaft, mutig, leidenschaftlich, herzlich,temperamentvoll, charismatisch
Erde	pragmatisch, logisch denkend, rational, aufopferungsvoll, treu, analytisch, geduldig, motiviert, konservativ, beharrlich
Metall	zäh, strategisch, ordentlich, strukturiert, diszipliniert, spielerisch, ehrgeizig, fortschrittlich
Wasser	tolerant, spirituell, willensstark, beweglich, nachdenklich, kommunikativ, global denkend, reiselustig, unabhängig, anpassungsfähig

Der Osten, dem Element Holz zugeteilt, symbolisiert den Beginn und fördert Wachstum, Intuition und Begeisterungsfähigkeit. Der Nordwesten, der dem Element Metall zugeordnet wird, ist insbesondere geeignet, den Kindern Disziplin und Fähigkeiten in Bezug auf ihre Strukturierung beizubringen.

Das analytische, logische und pragmatische Denken wird positiv beeinflusst, wenn das Büro im Südwesten platziert ist. Die westliche Metall-Energie, in der Verspieltheit und Vergnügen enthalten ist, bringt die Arbeitslust zum Ausdruck. Der Südosten repräsentiert Holz-Eigenschaften wie Phantasie und Kreativität; ein Kinderzimmer in dieser Richtung beflügelt die Begabungen für Musik, Malerei und Literatur. Die Erde-Energie des Nordostens regt zur engagierten Verfolgung aller Zielsetzungen und Zweckdienlichkeiten an.

Jede Himmelsrichtung wird in einer Gruppe (Trigramm genannt) mittels drei horizontalen Linien dargestellt: Die unterbrochene Linie steht für Yin, die durchgehende für Yang. Jedes Trigramm wird wiederum einem Element zugeordnet, und so kombinieren die Trigramme die drei grundlegenden Systeme des Feng Shui: das Yin- und Yang-Prinzip, die fünf Elemente und die acht Himmelsrichtungen.

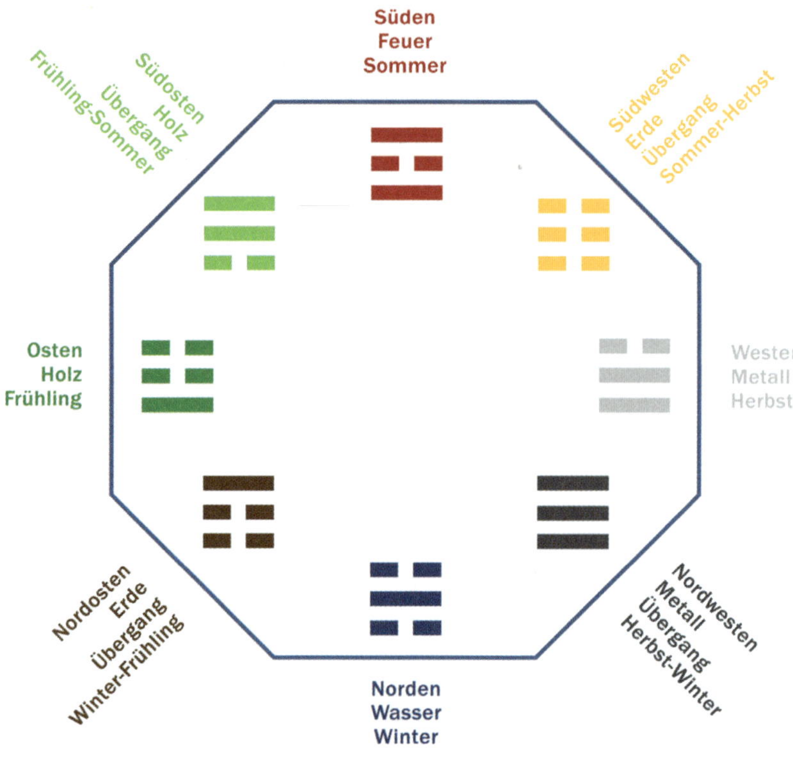

Die Orientierung der Eingangstür ist im Feng Shui-System von besonderer Bedeutung, weil dadurch die Energiequalität des Hauses oder der Wohnung bestimmt wird. Gemessen wird diese mit dem „Lo Pan", dem chinesischen Kompass (siehe hierzu Seite 71).

BaZi – Acht Zeichen

HOLZ:
Farben: Grün- und Hellblautöne
Formen: hoch, aufrecht, zylindrisch
Himmelsrichtungen: Osten, Südosten
Material: Holz, Bambus, Korb

FEUER:
Farben: Rottöne
Formen: spitz, scharfkantig, dreieckig
Himmelsrichtung: Süden
Material: Leder, Kunststoff, Plastik

ERDE:
Farben: Braun- und Gelbtöne
Formen: rechteckig, quadratisch, horizontal
Himmelsrichtungen: Südwesten, Nordosten
Material: Terrakotta, Keramik, Porzellan, Steine

METALL:
Farben: Weiß, Silber, Grautöne
Formen: oval, rund, halbrund
Himmelsrichtungen: Westen, Nordwesten
Material: Metall, Silber

WASSER:
Farben: Schwarz und Nachtblau
Formen: wellenförmig, unregelmäßig
Himmelsrichtung: Norden
Material: Glas

Bei der Bezeichnung BaZi (ins Deutsche übersetzt: „Acht Zeichen") handelt es sich um ein komplexes Berechnungssystem, das schon vor der Tang Dynastie (618 - 907 n. Chr.) erarbeitet wurde.

Die wichtigsten Schriften zu diesem Thema sind: Di Tian Sui, Zi Ping Zhen Quan und Yuan Hai Zi Ping. Der große Meister Xu Zi Ping (907 - 978 n. Chr.), der während der Song Dynastie (906 - 1279 n. Chr.) lebte, hat das chinesische Kalenderwesen und das BaZi-System, das noch heute in dieser Form existiert und verwendet wird, weiterentwickelt.

Der Feng Shui-Berater berechnet das BaZi, d. h., die acht Zeichen einer Person, mit dem chinesischen Kalender. Dieser besteht aus dem Mond- und dem Sonnenkalender und ist komplizierter angelegt als der westliche.

Das BaZi basiert gleichfalls auf dem Ying- und Yang-Prinzip und der Harmonielehre der fünf Elemente: Holz, Feuer, Erde, Metall, Wasser. Jedes Zeichen wird einem Element und der Yin- oder Yang-Polarität zugeordnet (Anhang 1 - BaZi 1). Diese Berechnung sollte allerdings ein Fachberater ausführen, denn sie ist wichtig, um die passenden bzw. richtigen Farben, Formen, Materialien und Himmelsrichtungen, individuell auf jeden Menschen abgestimmt, herauszufinden.

Jeder Mensch hat gemäß der BaZi-Berechnung entweder drei, vier oder fünf Elemente in seinem BaZi, d. h. in seiner Persönlichkeit. Wer nur über drei oder vier Elemente verfügt, kann das eine fehlende bzw. beide fehlenden mit Farben, Formen, Himmelsrichtungen und Materialien kompensieren: z. B. wer kein Holz in seiner Persönlichkeit hat, kann als Farbtupfer flaschengrüne, blassgrüne, lindgrüne, apfelgrüne, olivgrüne, türkise, hellblaue, lichtblaue, azurblaue, blattgrüne und grasgrüne Komponenten in der Wohnung einsetzen.

Wer kein Feuer hat, solche in Rot, Purpurrot, Karminrot, Florentinerrot, Weinrot, Pink, Rosa, Rotviolett, Magentarot, Dunkelrot. Ein Mangel an Erde kann mit einer Farbgebung in Maisgelb, Goldgelb, Zitronengelb, Ockerbraun, Kastanienbraun, Orangebraun, Schwarzbraun, Hellbraun oder Dunkelbraun ausgeglichen werden. Das Element Metall wird gestärkt, wenn der Schlafraum im Westen oder Nordwesten angeordnet und farblich in Weiß, Aschgrau, Taubengrau oder Silber angelegt ist. Wellenförmige Muster, ein Aquarium, ein Zimmerbrunnen und Gegenstände aus Glas fördern das Element Wasser. Tischdecken,

Teppiche, Kissen und Gardinen mit Sternen, Dreiecken und Zackenmustern vermehren die Feuer-Energie eines Raumes.

In der Regel ist den Menschen gemäß der BaZi-Berechnung eine Mischung aus Yang- und Yin- Polaritäten gegeben; es ist eher selten, dass jemand nur von Yang- oder nur- Yin-Polaritäten bestimmt ist.

Dazu ein Beispiel: Diese Frau (Yin), die im Winter (Yin) geboren ist, hat nur Yin-Polaritäten in der Berechnung. Es ergibt sich demnach ein Mangel an Yang-Polaritäten, der kompensiert werden muss. Bilder im Hochformat, aufstrebende Pflanzen, Tapeten mit vertikalen Streifen, glatte Oberflächen und Spiegel fördern den Yang-Anteil (Anhang 1 – BaZi 2).

+ = Yang-Polarität (Extravertiertheit, Tatkraft, Mut, Risikobereitschaft)
- = Yin-Polarität (Sensibilität, Introvertiertheit, Kreativität)

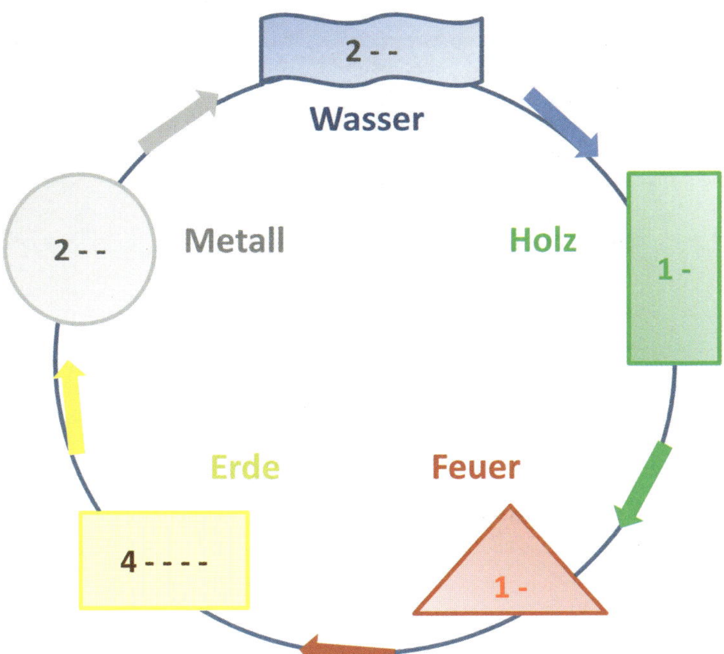

Schlafzimmer

Das Bett und die Elemente	
Holzbett	aus Holz oder in Grün bzw. Hellblau gestrichen
Feuerbett	aus rosa gestrichenem Holz
Erdebett	aus gelb oder braun gestrichenem Holz
Metallbett	aus weiß, silberfarben und grau gestrichenem Holz
Wasserbett	aus schwarzem, und nachtblau gestrichenem Holz

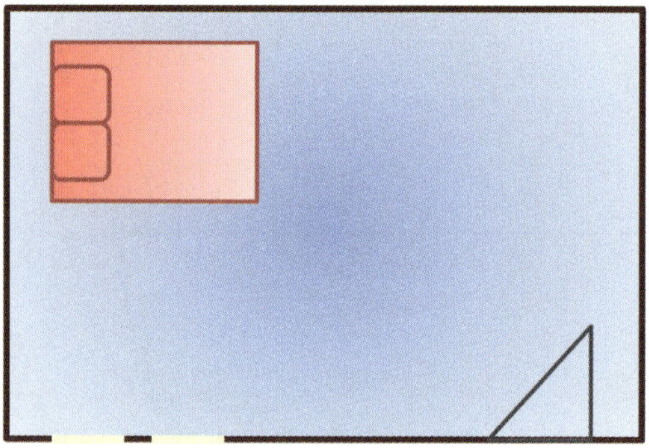

Man sollte das Schlafzimmer möglichst in der Himmelsrichtung platzieren, die dem fehlenden Element in der BaZi-Berechnung zugeordnet wird. Wenn z. B. das Element Wasser in der BaZi-Berechnung fehlt, sollte das Schlafzimmer in nördlicher Richtung (der Norden gehört zum Element Wasser) platziert sein. So kann der- bzw. diejenige, die kein Wasser in der Persönlichkeit hat, dieses Element kompensieren.

Federkernmatratzen, Metallgestelle und metallische Lattenroste ziehen Störenergien an, deswegen sind Naturmaterialien wie Holz besser geeignet. Die Bettstelle sollte sich nicht am Boden, sondern in einer Raumhöhe von ca. 30 cm Abstand vom Boden befinden. Es ist günstig die Schlafstelle in die entfernteste Ecke des Raumes zu rücken, und nicht mit dem Fußende zur Tür. Das Bett sollte mit dem Kopfende an einer Wand stehen, aber nicht unter einem Fenster oder gegenüber einer Tür. Die Geisteskraft kann sich auch nicht entfalten, wenn das Bett unter einer Schräge steht. Bei einer rustikalen Bauweise sind unbedingt unverkleidete Balken und Sparren im Schlafzimmer zu vermeiden. Ein Balken über dem Kopfende des Bettes kann sich sogar bedrückend auswirken und Kopfschmerzen bis hin zur Migräne verursachen.

Die Decke sollte auf jeden Fall ein Gefühl der Offenheit vermitteln, besonders dann, wenn die Wände niedrig sind. Deshalb ist ein weißer Deckenanstrich zu empfehlen. Farbige Decken brauchen viel Platz und hohe Wände, um dem Raum den Eindruck der Geschlossenheit und den einer behaglichen Stimmung zu verschaffen.

Es ist auch wichtig, dass das Bett nicht zwischen einer Tür und einem Fenster steht, damit Gefühle der Unsicherheit ausgeschlossen werden. Das Kopfteil unter einer Dachschräge kann ebenfalls eine schädliche Auswirkung haben, da der Kopf beim Schlafen frei und unbelastet sein soll. Demnach ist ein Schlafraum ohne Schrägen unbedingt zu bevorzugen.

Spiegel erzeugen eine Yang-Atmosphäre, die die Ruhe und damit die Entspannung beeinträchtigen können. Deshalb sollte darauf besser verzichtet werden und ein solcher an der Innenseite einer Schranktür angebracht werden. Grundsätzlich gilt, dass in ein Schlafzimmer eine aufgeräumte und gemütliche, also sanfte Atmosphäre zum Wohlfühlen eingebracht wird. Bügelwäsche oder herumliegende Kleidungsstücke tragen dazu keinesfalls bei. Ein Arbeitstisch im Schlafzimmer stört ebenfalls den erholsamen Schlaf, da er unbewusst mit den Dingen in Verbindung gebracht wird, die zu erledigen sind. An paarweise aufgestellten Gegenständen lässt sich nicht nur der Wille zur Zweisamkeit ablesen; sie stärken außerdem die Partnerschaft oder helfen sogar bei der Partnersuche.

Ein Schlafplatz sollte auch auf Wasseradern und andere möglicherweise störenden Einwirkungen untersucht werden, denn Störenergien können nachhaltig die Gesundheit gefährden; dies gilt auch für Elektrogeräte, z. B. Computer, Radiowecker, Fernseher etc.

Bezüglich der Farbpalette für diesen Raum ist eine weniger farbintensive, sondern blasse, pastellfarbene, eher zarte Gestaltung empfehlenswert.

(Anhang 1 - BaZi 3)

Wenn in der BaZi-Berechnung des Bewohners kein Holz enthalten ist, ist ein Schlafzimmer im Osten oder Südosten am günstigsten. Wände in Grün oder Hellblau, Tapeten mit vertikalen Streifen, grüne oder hellblaue, hohe Möbel fördern die Holz-Energie. Hochformatige Bilder mit der Darstellung einer grünen Landschaft und/oder Bäumen sorgen einerseits für eine beruhigende, entspannende Atmosphäre; andererseits kann mit einem Parkettboden das lebendige Holzelement angeregt werden. Zusätzliche Unterstützung erhält das Holz in der Persönlichkeit, wenn man in einer Holz-Umgebung lebt, d. h. in der Nähe von Wäldern und Hochhäusern.

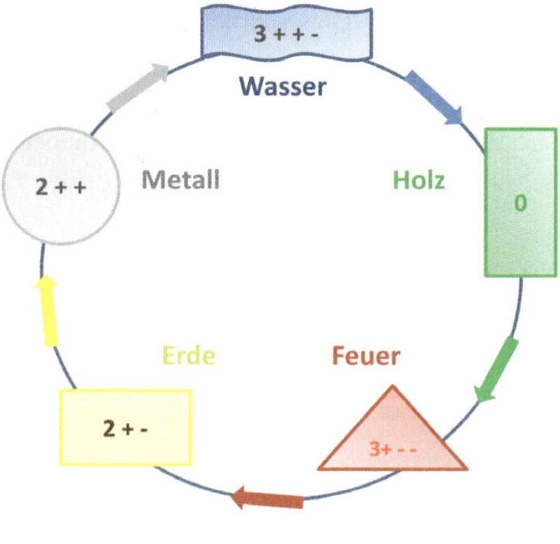

(Anhang 1 - BaZi 4)

Ein Schlafzimmer im Süden stärkt in jeder Nacht das Element Feuer und erzeugt einen Ausgleich bei Menschen mit einem schwach oder nicht ausgebildeten Feuer-Einfluss in deren BaZi-Berechnung.

Rosa gestaltete Wände, farblich darauf abgestimmte Teppiche und Vorhänge sorgen für eine milde Feuerenergie.

Mit rosafarbenen Accessoires und Kissen kann Gemütlichkeit erzeugt werden, rosa Pfingstrosen, Herzen, Kerzen etc. unterstreichen den lieblichen Touch. Kräftig leuchtendes Rot erzeugt hingegen eine starke Yang-Energie, die im Schlafzimmer nicht passend ist, weil durch diese starke Farbgebung der Schlaf gestört werden kann.

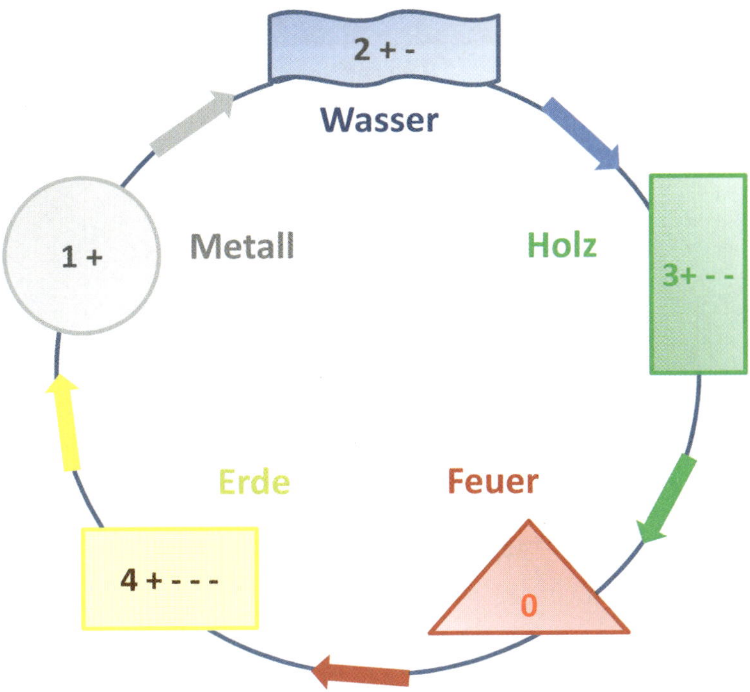

(Anhang 1 - BaZi 5)

Erde fehlt

Befindet sich das Schlafzimmer im Südwesten oder im Nordosten, fördert dies den Einfluss des Elements Erde. Tapeten mit vertikalen Linien in gelben und braunen Erdtönen sind besonders geeignet, um die Einwirkung der Erde zu unterstützen. Tongegenstände, eine Terrakotta-Vase, gelbe Stoffblumen erhöhen dies zusätzlich. Diesbezüglich sind Bilder im Querformat mit der Abbildung einer flachen Landschaft zu empfehlen.

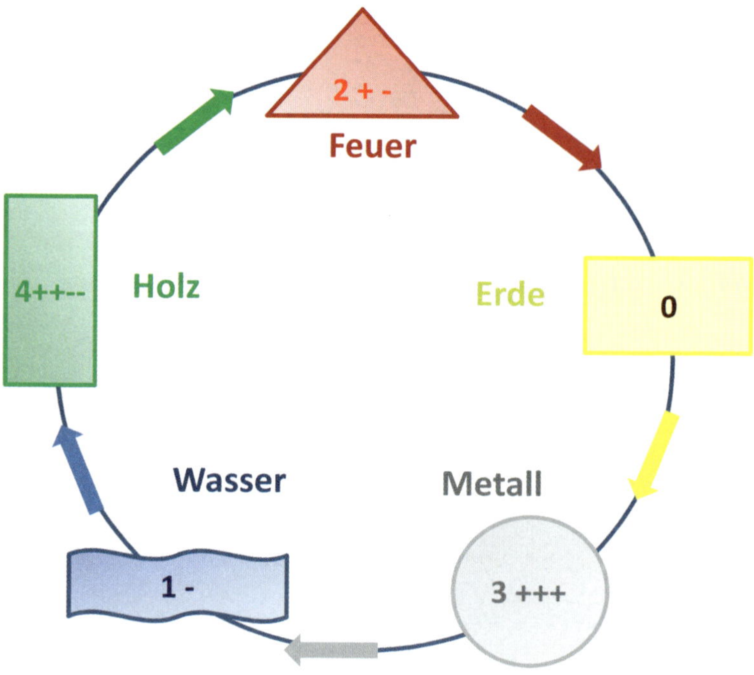

(Anhang 1 - BaZi 6)

Wenn das Element Metall fehlt, sollte das Schlafzimmer im Westen oder Nordwesten eingerichtet werden, mit Wänden in Weiß- oder in Silbertönen, mit Tapeten, auf denen runde Kreise, Halbkreise oder Punkte eingebracht sind.

Eine runde weiße Schale oder eine ebensolche Vase mit weißen Orchideen sind die idealen Dekorationsgegenstände, um einen Metallmangel zu kompensieren. Ein rundes Bett baut außerdem die Metallenergie auf; die Nähe zu Kuppelgebäuden stärkt zusätzlich das Element Metall.

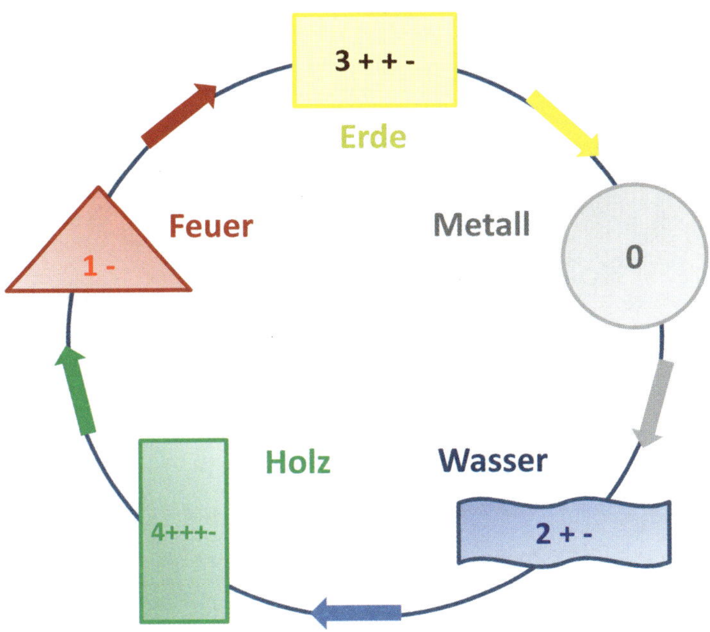

(Anhang 1 - BaZi 7)

Wasser fehlt

Wer den Schlafraum im Norden bevorzugt, tankt sozusagen die regenerierende Wasser-Energie. Tapeten mit welligen Mustern, Bilder mit Wassermotiven – Teiche, Seen etc. – sind nützliche Ingredienzen für das Element Wasser.

Sprudelnde Zimmerbrunnen oder sonstige Wasserspiele sollten jedoch tunlichst aus dem Schlafzimmer verbannt werden, da die sich als Yang-Beigaben auf einen geruhsamen Schlaf störend auswirken können.

Ist das Schlafzimmerfenster auf das Meer oder einen See ausgerichtet, wird das Element Wasser in der Persönlichkeit zusätzlich gestärkt.

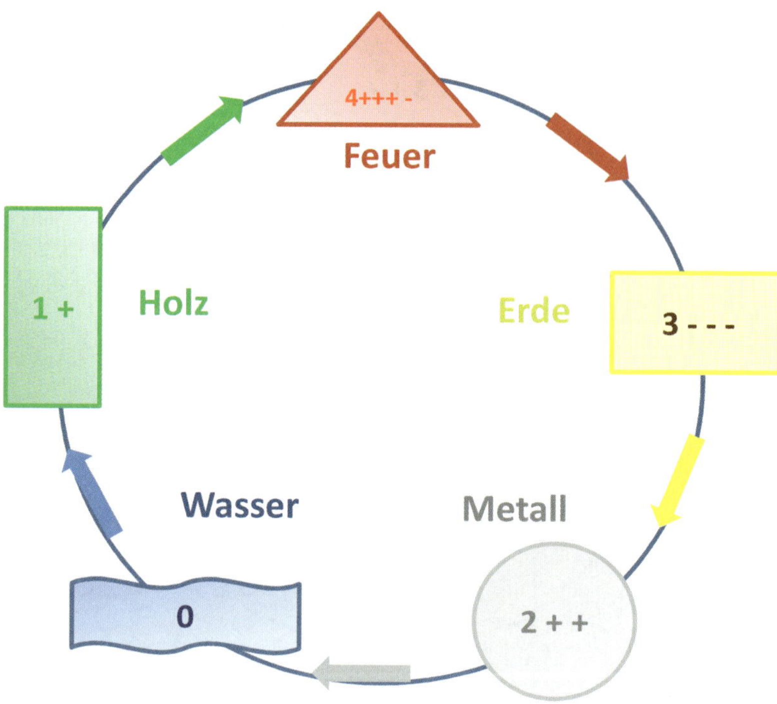

Wohnzimmer

Das Wohnzimmer wird normalerweise als Treffpunkt für die ganze Familie genutzt. Dementsprechend soll es behaglich und einladend eingerichtet und gestaltet sein – sozusagen als Ort der Begegnung, der Entspannung und des Rückzugs von der Tageslast.

Wenn jemand zu Hause arbeitet, darf der Arbeitsbereich keinesfalls dort platziert sein; die Arbeitszone sollte möglichst vom Privatbereich strikt getrennt werden.

Räume mit vielen Fenstern und Türen können außerdem den Eindruck verstärken, dass die Energie sich zu schnell verflüchtigt. Die Folgen können sein: körperliche Beschwerden, Ruhelosigkeit, seelische Unausgeglichenheit. Die persönliche Lebensumgebung sollte also möglichst so gestaltet sein, dass der Qi-Fluss sich förderlich verhält, und nicht etwa hemmend oder gar störend.

Die Qi-Beeinflussung soll sich sozusagen wie ein Bach durch ein Gebirge, durch Wiesen und Felsen schlängeln, sich der Umgebung anpassen, hin und her schwingen. Es soll Menschen und Gegenstände sanft umspielen und auch positiv auf Tiere und Pflanzen einwirken. Der Energieverlust kann bei großen Fenstern, einer Tür-Fenster- oder einer Tür-Tür-Opposition mit Pflanzen gestoppt werden.

Das Sofa sollte an die ruhigste Wand des Raumes gestellt werden – schon wegen des guten Rückenhalts. Überladene Beistelltische, überquellende Bücherregale und vollgestopfte Schränke können eine Blockade des Energieflusses bewirken und sollten möglichst vermieden werden.

Dass in überladenen Räumen der Qi-Fluss verlangsamt – oder sogar gänzlich gestoppt – werden kann, ist nicht erstaunlich. Dadurch können sich oftmals heimtückische körperliche oder seelische Erkrankungen entwickeln. Es ist also ratsam, alles Überflüssige aus dem Wohnbereich zu entfernen.

Der Balkon oder die Terrasse sind während der warmen Jahreszeit als Erweiterung des Wohnbereichs sehr nutzbringend. Um diese Eigenschaft entfalten zu können, sollten sie jedoch groß angelegt sein, und mit Pflanzen oder Spalieren gestaltet werden, damit man sich von den Nachbarn nicht beobachtet fühlt und sich so zwanglos wie möglich agieren kann. Gesunde Pflanzen – z. B. Hortensien, Oleander, Rhododendren

– sorgen für eine natürliche Ausstrahlung, die sich gleichfalls positiv auf die Bewohner auswirkt.

(Anhang 1 - BaZi 8)

Es wirkt sich bestimmt ebenfalls günstig auf die Befindlichkeit der Bewohner aus, sich so oft wie möglich in einem Wohnzimmer aufzuhalten, dass sich im Osten oder Südosten befindet, denn beide Himmelsrichtungen mobilisieren eine im BaZi fehlende Holz-Energie. Hohe Pflanzen, Bilder im Hochformat mit grünen Bildmotiven, sowie Säulen und ein grüner Teppich tragen dazu bei, ebenso ein grünes Sofa. Grün oder hellblau gestrichene Wände intensivieren darüber hinaus das Element Holz; Dekostoffe und Gegenstände in einer Apfelgrün- und Aquamarin-Farbabwicklung sind

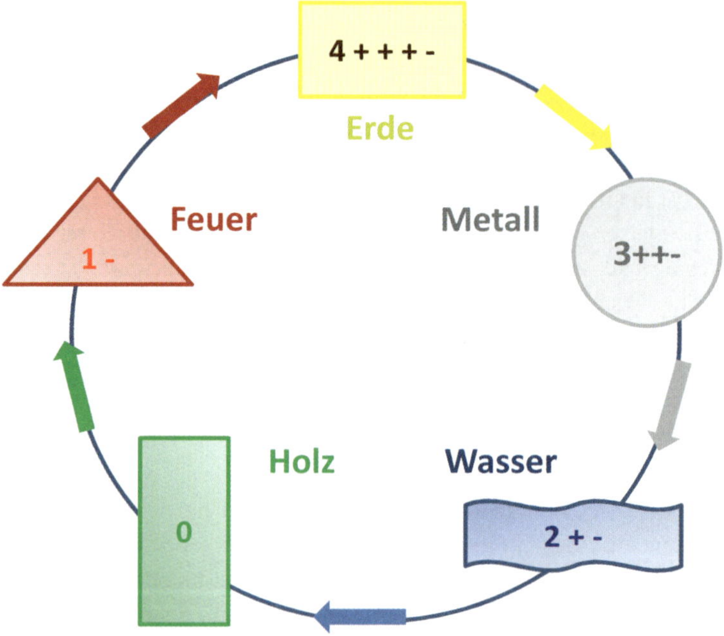

ebenfalls vorteilhaft. Pflanzen mit abgerundeten Blättern können ein fehlendes Holz-Element in der BaZi-Berechnung kompensieren. Denn Pflanzen füllen den Raum mit Holz-Energie und schaffen samt und sonders ein harmonisches Raumklima. Und wenn sie vor die scharfen Ecken und spitzen Kanten der Möbel gestellt werden, entschärfen sie diese auf ideale Weise.

Der Südosten unterstützt zudem alles, was die Fantasie und das Wachstum betrifft, der Osten fördert die Begeisterungsfähigkeit und die Intuition.

(Anhang 1 - BaZi 9)

Der Süden passt zu jedem, der den Einfluss des Feuers stärken oder kompensieren möchte. Es wird mehr Feuer-Energie aufgenommen, wenn in einem Wohnraum rote Gegenstände platziert sind, z. B. Kerzen, Kunstgegenstände und Vasen.

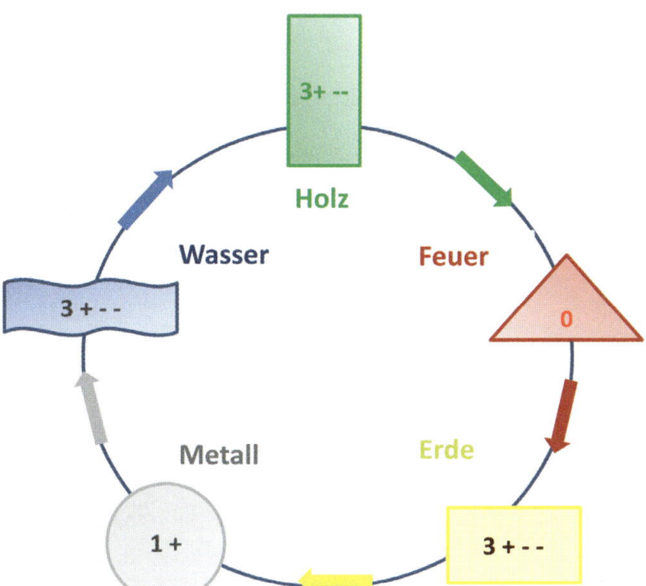

Rote oder rosa Vorhänge, farblich passende Teppiche, Tischdecken intensivieren die Feuer-Energie ebenfalls; dies erfolgt auch, wenn die Wände in den warmen Yang-Tönen der Rotpalette gestrichen werden.

Das Feuer in einem Kamin erzeugt zusätzlich eine natürliche Feuer-Dominanz im Raum. Die Yang-Energie des Feuers sorgt außerdem dafür, dass die Bewohner aufgeschlossener, mitteilsamer, geselliger, extrovertierter, leidenschaftlicher reagieren.

(Anhang 1 – BaZi 10)

Erde fehlt

Menschen ohne Erde in dem BaZi können vermehrt Erde-Energie aufnehmen, wenn das Wohnzimmer sich im Südwesten oder Nordosten befindet; zur Aktivierung bringen als Ausstattungsstücke Ton-, Terrakotta- und Porzellanschalen oder gelbe und ockerfarbene Textilien – z. B. Gardinen, Teppiche etc. – zusätzlich einen Stabilisierungseffekt ein.

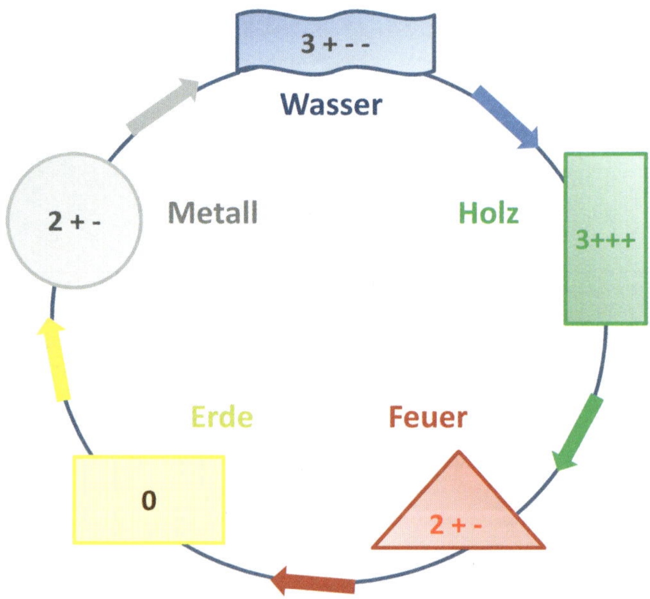

Das Ambiente erhält durch eine gelbe Tischdecke, gelbfarbiges Porzellan und üppige gelbe Orchideen weitere Erde-Stilelemente; Tapeten mit Querstreifen sorgen außerdem für eine anheimelnde Atmosphäre und für Gemütlichkeit.

(Anhang 1 – BaZi 11)

Wenn man ein Wohnzimmer, das im Westen oder Nordwesten gelegen ist, mit runden Spiegeln mit Metall- oder Silberrahmen und Ziergegenständen aus glänzendem, reflektierendem Metall dekoriert, kann man das Element Metall in der Persönlichkeit stärken.

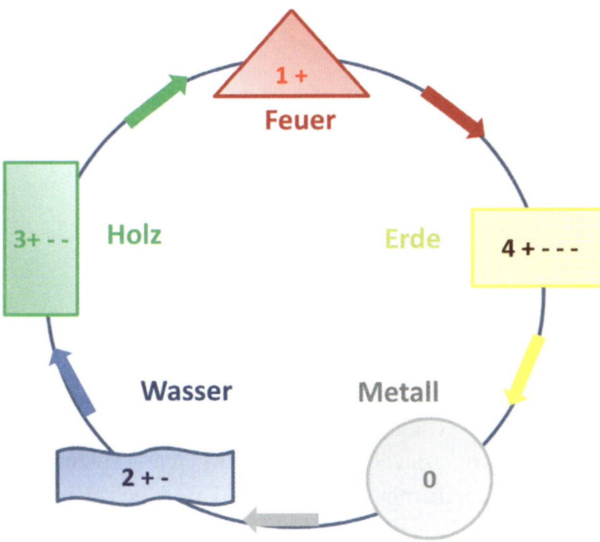

Weiße Möbel, weiße Stoffpfingstrosen in einer silberfarbenen Vase sind zusätzliche Metall-Energieträger, außerdem Vorhänge mit runden Mustern, weiße oder silbern schimmernde Wände, dazu ein weißer Marmorboden. Die nordwestliche Ausrichtung verhilft dazu, das Leben ernst zu nehmen und fördert Führungsqualitäten.

Mit der westlichen Ausrichtung kann die Verspieltheit gefördert werden und sie motiviert dazu, eine angefangene Arbeit zu Ende zu führen.

(Anhang 1 - BaZi 12)

Das nördlich ausgerichtete Energiefeld ist besonders vorteilhaft für Menschen, die über kaum oder keinen Einfluss des Wassers in dem BaZi verfügen.

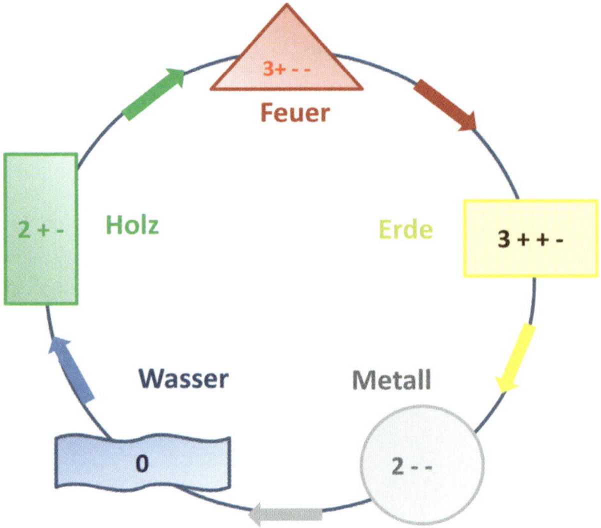

Die Wasser-Energie erhält Auftrieb, wenn ein Zimmerbrunnen, die bildliche Darstellung eines Wasserfalls, eine Wasserwand und/oder ein Aquarium im Wohnzimmer untergebracht werden. Wasserobjekte, bei denen ein schneller Wasserfluss erfolgt, stärken das Yang, dementsprechend werden die Bewohner zur Aktivität mobilisiert.

Wer im Wohnzimmer entspannen möchte, sollte sich jedoch für solche mit unbewegter oder langsam fließender Wasserenergie entscheiden, die dem Yin-Effekt entsprechen – wie etwa ein Bild mit einem Teich oder eine Schale mit frischem Wasser. Glas wird dem Element Wasser zugeordnet und passt demzufolge als Dekorationsgegenstand besonders gut. Musik gehört ebenfalls zum Element Wasser und ist für das Wohlgefühl gleichfalls sehr zuträglich.

Arbeitszimmer

Für die Platzierung des Arbeitszimmers sollte die Himmelsrichtung ausgesucht werden, die zu dem Element gehört, das gestärkt werden soll. Wenn beispielsweise nur wenige Holz-Anteile in der BaZi-Berechnung vorhanden sind, sollte das Atelier oder Büro im Osten oder im Südosten installiert werden, sodass damit ein Ausgleich geschaffen wird.

Dabei sollte allerdings darauf geachtet werden, dass vom Arbeitsplatz aus die Tür und das oder die Fenster im Sichtbereich angeordnet sind, denn ein Sitzplatz mit einer Öffnung nach außen im Rücken, also einer Tür oder einem Fenster, lässt leicht Unsicherheit entstehen. Dass der Arbeitstisch nicht unter einem Balken oder einer Schräge stehen soll, gilt auch hier, ähnlich wie beim Bett. Eine solche Sitzposition könnte nämlich Konzentrationsschwäche hervorrufen, die sich bis zu Kopfschmerzen, depressiver oder frustrierter Stimmung und bedingt dadurch zur Stagnation im Schaffensprozess steigern kann. Der Raum, insbesondere der Arbeitstisch, sollte regelmäßig aufgeräumt, erledigter Papierkram abgelegt und überflüssige Unterlagen entfernt werden – damit wird eine klare Sicht der Dinge erreicht. Unordnung bringt Unruhe, Hektik und das Gefühl der Überforderung, Ordnung dagegen Klarheit und Unbeschwertheit.

(Anhang 1 - BaZi 13)

Ein Parkettboden, die Dekostoffe, der Teppich bzw. der Teppichboden in leuchtenden Grüntönen, so kann auch ein Arbeitszimmer gemütlich gestaltet werden und somit ein fehlendes Holz-Element in der Persönlichkeit kompensieren.

Freie Flächen und Möbel aus massivem Holz fördern den Qi-Fluss; die Yang-Betontheit wird beispielsweise durch eine Strahlenaralie und Tapeten mit vertikalen Streifen eingebracht, denn sie gehören zum Element Holz und bauen die Yang-Energie im Raum auf. Damit kann sich die Arbeit zu einem erfolgreichen Schaffensprozess entwickeln und dies zu einem ersprießlichen Wachstum führen. Die Holz-Energie wird im Übrigen besonders wirkungsvoll, wenn der Arbeitstisch in die östliche oder südöstliche Richtung des Raumes gerückt wird.

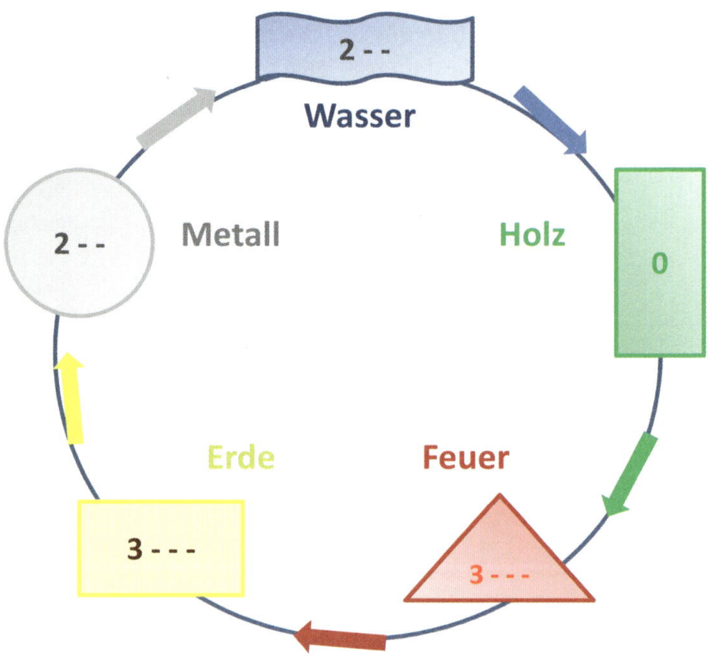

(Anhang 1 – BaZi 14)

Eine rote Wand, kombiniert mit den Farben Rosa, Purpurrot und Weinrot in den Teppichen und Vorhängen bringt zusätzlich Feuer-Energie in einen im Süden angelegten Arbeitsraum. Auch farblich dazu passende Bilderrahmen und Ziergegenstände aktivieren das Element Feuer: Rote Tulpen in einer roten Vase, ein roter Amaryllis, ein Vulkanbild beleben die starke Yang-Energie des Südens. Menschen, die keinen Feuer-Anteil in der BaZi-Berechnung haben, können diese Yang-Energie am besten durch feurige Farben und Formen stärken. Wenn der Arbeitstisch in südlicher Richtung des Raumes steht, kann dies für die Vitalität und Tatkraft optimal sein, denn Feuer ist das Yang-Element schlechthin.

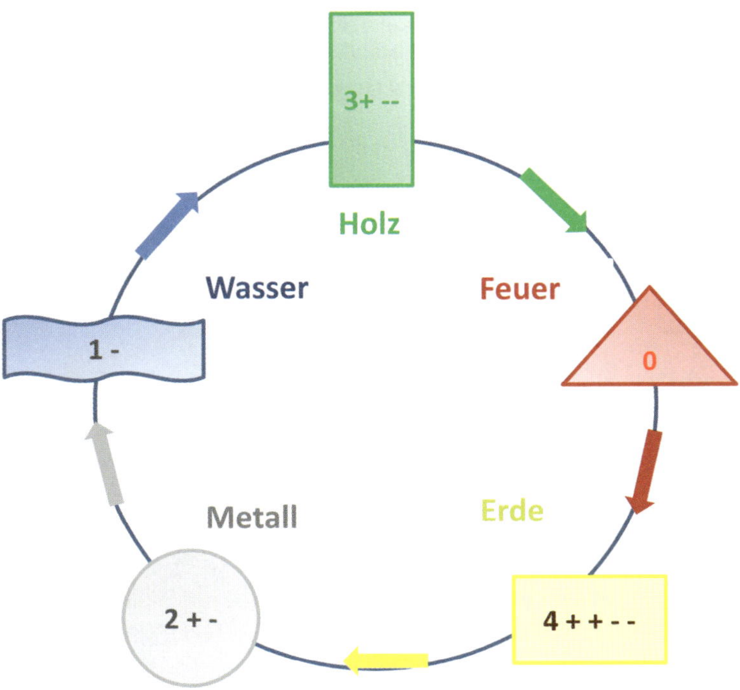

(Anhang 1 – BaZi 15)

Erde fehlt

Der Südwesten und der Nordosten sind die idealen Himmelsrichtungen für einen Arbeitsraum bzw. ein Büro, um ein fehlendes Element Erde in der Persönlichkeit zu entfalten.

Hier könnte ein Fußboden aus Granit oder Stein empfehlenswert sein, aber auch ein Teppichboden in warmen Brauntönen. Niedrige, viereckige oder rechteckige Möbel in brauner Farbabwicklung stärken zusätzlich dieses Element. Ein Gemälde mit einem Landschaftsmotiv, beispielsweise die Darstellung von Feldern in einem Flachland, würde den Raum mit einer Erde-Energie versorgen.

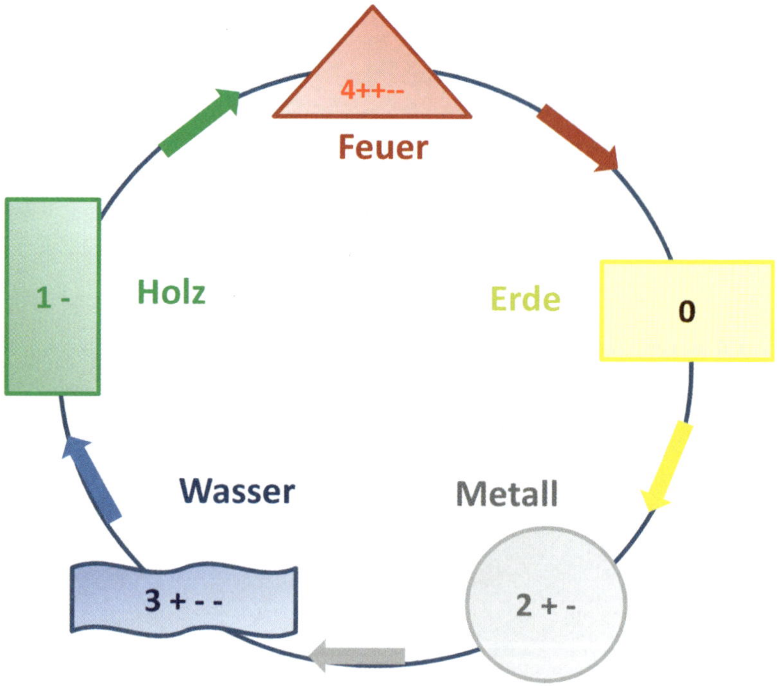

(Anhang 1 – BaZi 16)

Ein Mangel an Metall-Energie in dem BaZi kann durch weiße Möbel und weiß gestrichene Wände belebt werden; eine Metallstatuette, ein Bild mit einer oder mehreren Kuppeln, ein grauer Teppich, eine runde Pendeluhr und eine graue Schreibtischunterlage sind weitere Stilmittel, womit ein fehlendes Metall in der Persönlichkeit kompensiert werden kann. Die westlich und nordwestlich orientierte Metallenergie wirkt sich außerdem besonders vorteilhaft auf das Organisationstalent, auf die Führungsqualitäten und auf das Verantwortungsgefühl aus.

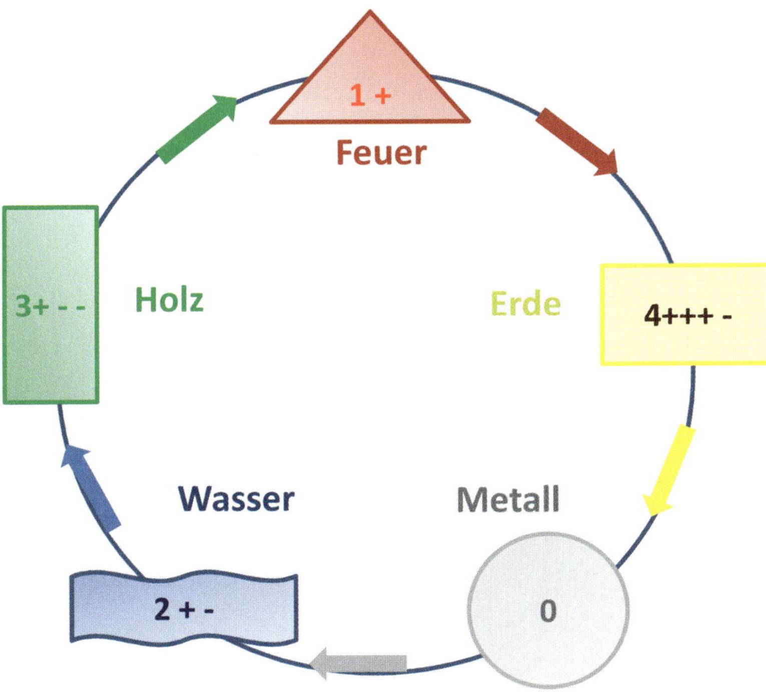

(Anhang 1 - BaZi 17)

Wasser fehlt

Menschen, die kein oder nur ein schwaches Wasser-Element in der Persönlichkeit haben, fühlen sich besonders im Norden wohl. Ein Arbeitszimmer in nördlicher Richtung bekommt jedoch kein direktes Sonnenlicht, das kann zu einer stagnierenden Energie führen. Abhilfe kann zum Beispiel ein leise plätschernder Zimmerbrunnen bringen oder ein anderes Wasserobjekt, um den Yang-Energiefluss zu aktivieren. Darüber hinaus sind Yang-Materialien wie Glas oder ein Spiegel empfehlenswert.

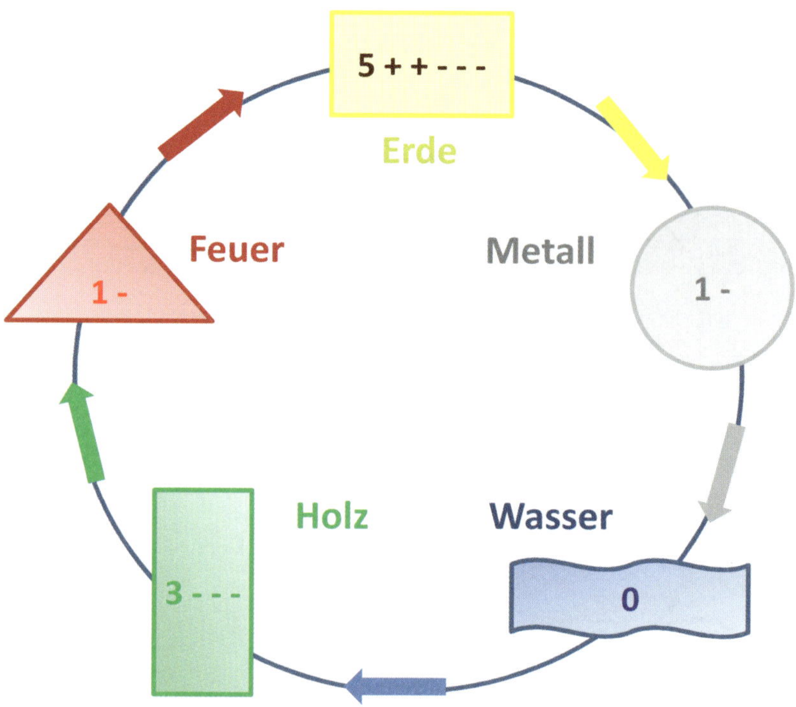

Kinderzimmer

Das Kinderzimmer sollte möglichst geräumig sein, mit einer optimalen Anordnung der Möbel, damit die Kinder einerseits genügend Platz zum Spielen haben, andererseits Ruhe zum Lernen und zum Schlafen. Im Idealfall sind der Schlaf- und der Spielraum voneinander getrennt, da die Aktivitäts- und die Erholungsbereiche ja unterschiedliche Bedürfnisse erfüllen müssen. Eine Trennung beider Bereiche lässt sich allerdings durch eine geschickte Raumaufteilung leichterdings realisieren, dabei sollte jedoch beachtet werden, dass der allgegenwärtige Computer oder Fernseher oder andere technische Geräte im Kinderzimmer eine Störwirkung entfalten können; auch hier gilt, dass das Kinderzimmer regelmäßig aufgeräumt werden sollte. Es ist zudem ratsam, auf Möbel und ein Bettgestell aus Metall zu verzichten.

Im Kinderzimmer muss das Yin und das Yang ins richtige Gleichgewicht gebracht werden, denn zu viel Yang kann die Kinder aggressiv, rastlos und hyperaktiv machen, zu viel Yin kann Apathie und Lustlosigkeit bewirken. Damit die Kinder friedlich schlafen können, sollte der Schlafbereich mit sanften, der Entspannung dienenden Yin-Farben gestrichen werden. Knallige Farben, insbesondere starke Rottöne, fördern die Aktivität und Dynamik im überhöhten Maße. Yang-Muster wie vertikale Streifen, Sterne und glatte Flächen verbreiten auch eine Yang-Energie, die eher für den Spielbereich geeignet sind. Die Yin-Atmosphäre lässt sich durch Pastellfarben und weiche Formen einbringen.

Die Kinder selbst sollten möglichst die Farben am Körper tragen, die das fehlende Element ausgleichen. Falls sie über keine oder nur wenig Holz-Anteile in der BaZi-Berechnung verfügen, sollten in ihrer Kleidung, einschließlich der Schlafanzüge etc., mehrheitlich grüne oder hellblaue Farbanteile enthalten sein; das gilt auch für die Bettwäsche. Wenn ein Kind hingegen einen Mangel an Erde in der Persönlichkeit aufweist, können Kleider und Bettwäsche in Gelb- oder Brauntönen hilfreich sein.

(Anhang 1 - BaZi 18)

Blassgrüne oder hellblaue Wände in einem Kinderzimmer, das östlich oder südöstlich ausgerichtet ist, lassen eine beruhigende Atmosphäre entstehen; pastellfarbene Grün- und hellblaue Farbtöne für Bilder, Gegenstände, die Bettwäsche und auch für die Bekleidung der Kinder stärken die Holz-Energie. Ein Bett in Holz, oder mit einem grünen oder hellblauen Anstrich, sorgt für einen ruhigen Schlaf. In einem solchen Raum sind die Bedingungen optimal für eine optimistische, zuversichtliche Einstellung und kreative Entwicklung der Kinder.

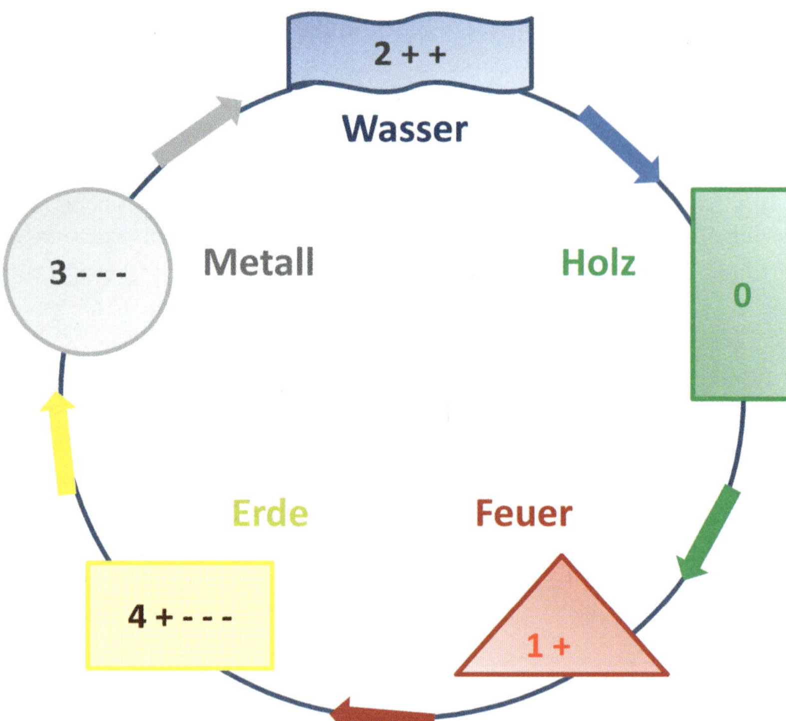

(Anhang 1 – BaZi 19)

Die südliche Ausrichtung des Kinderzimmers ist sinnvoll für Kinder, die kein Feuer in der Persönlichkeit haben und eher yin-betont sind. Feuer kann in dem Schlafbereich durch pastellige, zum Beispiel rosa Farben, eingebracht werden. Mit einem rosa Teppich und ebensolchen Vorhängen werden die Kinder yang-betonter und damit lebhafter und selbstbewusster. Die intensive Strahlkraft der roten Farben würde zu einem starken Aktivitätstrieb anregen; dies könnte die innere Ruhe und damit den Schlaf stören, deswegen sind sie eher für den Spielbereich geeignet.

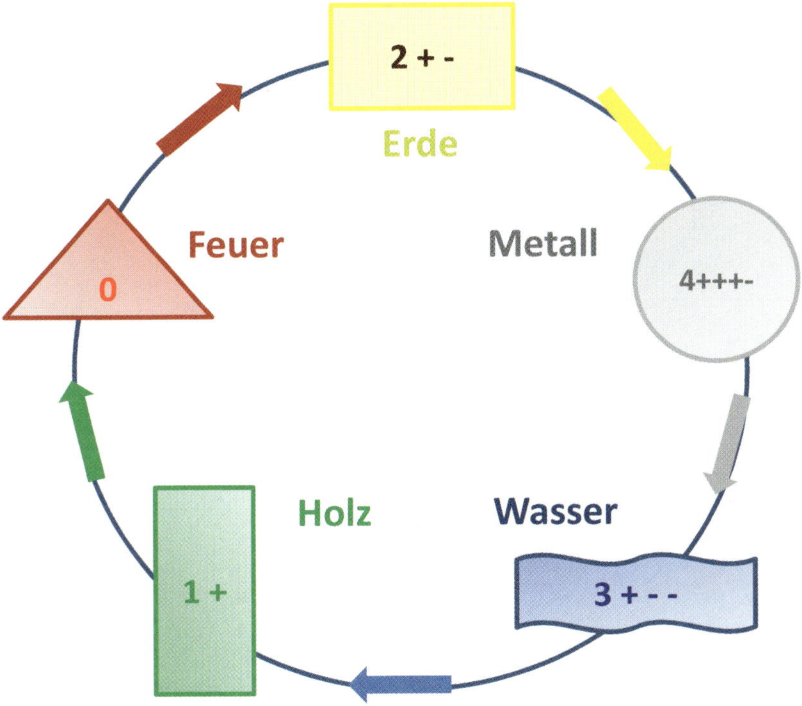

(Anhang 1 – BaZi 20)

Erde fehlt

Ein Kinderzimmer im Südwesten oder Nordosten platziert, aktiviert ein fehlendes Erde-Element in der BaZi-Berechnung. Wände in freundlichen Gelbtönen gestrichen, braune Möbel und ebensolche Teppiche und Vorhänge kompensieren einen Mangel an Erde-Energie. Der Südwesten fördert zudem die Methodik und Stabilität, der Nordosten die Motivation und Entschlusskraft.

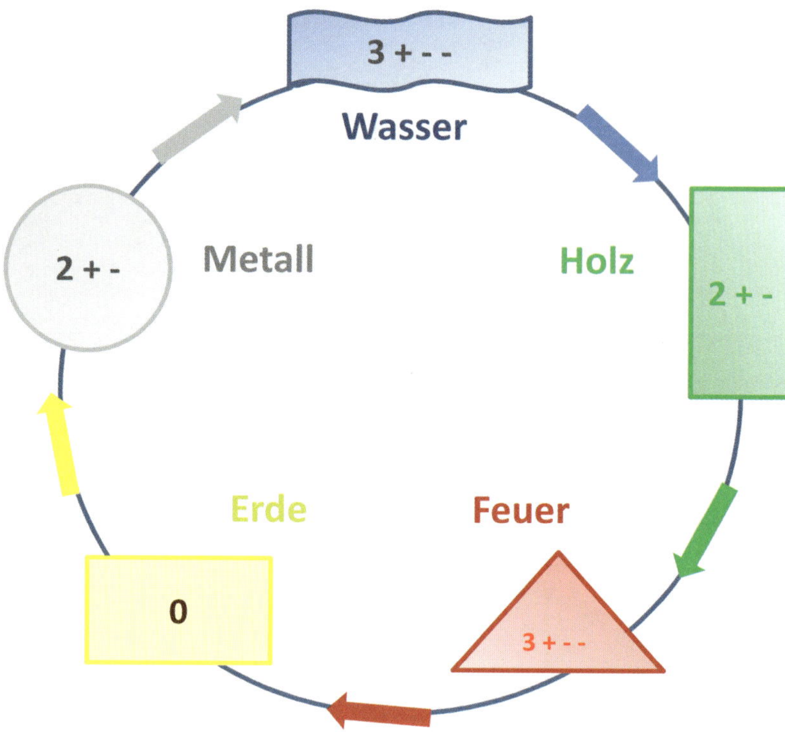

(Anhang 1 – BaZi 21)

Ein Kinderzimmer, das im Westen oder Nordwesten eingerichtet ist, stärkt das Metall-Element in der Persönlichkeit; weiße Wände, gestaltet mit runden Punkten, regen außerdem die Metall-Energie an.

Auch weiße Vorhänge, weiße Möbel und ein weißes Bett erbringen eine günstige Konstellation für den Metall-Einfluss. Mit der nordwestlich eindringenden Energie werden Kinder zur Ordentlichkeit angeregt, mit der westlich werden sie zur Verspieltheit mobilisiert.

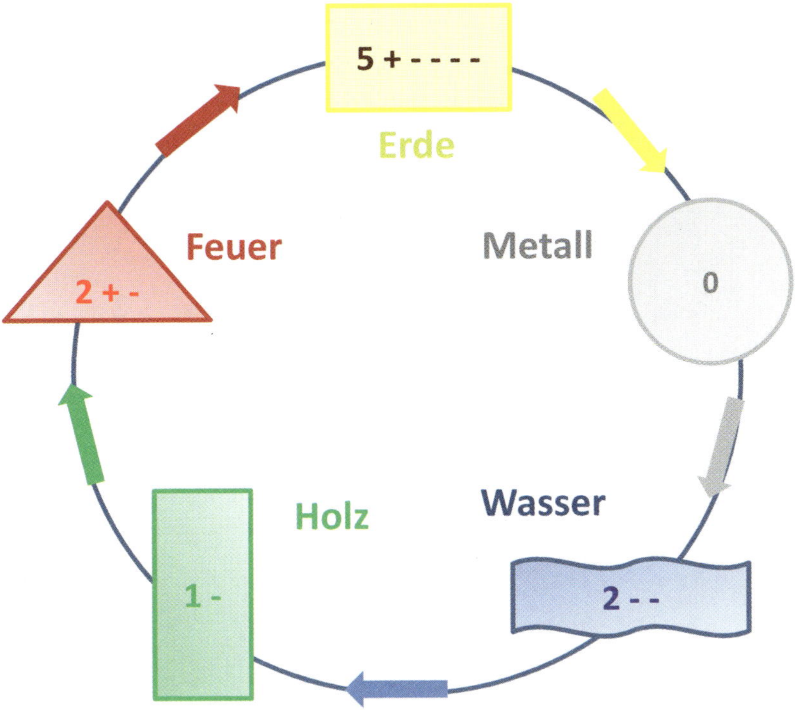

(Anhang 1 – BaZi 22)

Wasser fehlt

Die nördliche Energie hat einen starken Bezug zum Element Wasser, das durch Wasserobjekte angeregt und gestärkt werden kann. Beispielsweise aktivieren Bilder mit Delphinen das Element Wasser; solcherart Motive verbreiten auch eine fürsorgliche und einfühlsame Stimmung.

Der Einfluss des Nordens gibt den Kindern die Begabung zu originellen Ideen. Kinder, die sehr lebhaft sind, verhalten sich unter dem Einfluss des Nordens eher ruhiger und nachdenklicher.

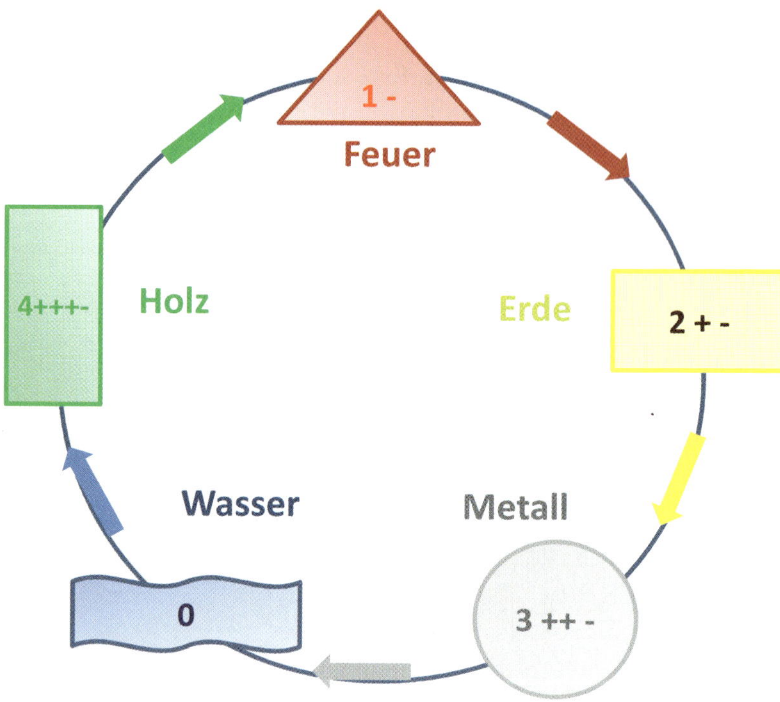

Gua-Zahl

Jedem Menschen ist von Geburt an eine Gua-Zahl zugeteilt worden, die sich mit einer einfachen Berechnung ermitteln lässt.

Die persönliche Gua-Zahl einer Frau lässt sich beispielsweise so errechnen: Addieren Sie zu den letzten beiden Ziffern Ihres Geburtsjahres die Konstante 5, dann bilden Sie die Quersumme. Für Berechnungen ab dem Geburtsjahr 2000 wird die Konstante 6 (statt 5) addiert.

Beispiele:

25.07.1965 65 6 + 5 + 5 = 16 1 + 6 = 7

12.08.1959 59 5 + 9 + 5 = 19
1 + 9 = 10 1 + 0 = 1

05.12.2006 06 0 + 6 + 6 = 12
1 + 2 = 3

Und so berechnen Sie Ihre persönliche Gua-Zahl als Mann: Addieren Sie die letzten beiden Ziffern Ihres Geburtsjahres, dann bilden Sie die Quersumme. Ziehen Sie die Quersumme von der Konstante 10 ab. Für Berechnungen ab dem Geburtsjahr 2000 gilt die Konstante 9 (statt 10), und wenn Sie zum Ergebnis 0 kommen sollten, nehmen Sie die 9 als Gua-Zahl.

Beispiele:

10.12.1949 **49 4 + 9 = 13 1 + 3 = 4**
10 – 4 = 6

05.07.2003 **03 0 + 3 = 3 9 - 3 = 6**

13.10.1964 **64 6 + 4 = 10 10 - 10 = 0 = 9**

Das chinesische Jahr beginnt jeweils um den 4. Februar; deshalb zählt, wenn Ihr Geburtstag vor dem Beginn des chinesischen Sonnenjahres liegt, das Geburtsdatum des Vorjahres. Der Tabelle im Anhang kann der exakte Beginn des chinesischen Sonnenjahres entnommen werden. (Anhang 2)

Beispiele:

Frau:
17.01.1962 **1961 61 6 + 1 + 5 = 12**
1 + 2 = 3

Frau:
08.01.1978 **1977 77 7 + 7 + 5 = 19**
1 + 9 = 10 1 + 0 = 1

Mann:
01.02.1929 **1928 28 2 + 8 = 10**
10 - 10 = 0 = 9

Die jeweilige Gua-Zahl wird sowohl den Elementen als auch jeweils einer Himmelsrichtung zugeordnet: 9 entspricht dem Element Feuer und der Richtung Süden, 6 dem Element Metall und dem Nordwesten usw.

Die Gua-Zahl erhält ihre Bedeutung durch das ihr zugeordnete Element; z. B. die 2 gehört zum Element Erde und kann mit Feuer

(Fütterungszyklus) gestärkt, mit Holz (Kontrollzyklus) kontrolliert, mit Metall (Schwächungszyklus) geschwächt und mit Wasser (Schädigungszyklus) geschädigt werden. Das heißt, dass die Gua-Zahlen wie die Elemente, die Himmelsrichtungen und die Luo Shu-Zahlen zyklisch interagieren.

Eine Person mit Gua-Zahl 2 wird in ihren Zielen, ihrer Gesundheit und ihrem Wohlbefinden unterstützt, wenn sie sich im Süden (Feuer) aufhält: Gemäß dem Fütterungszyklus nährt das Feuer des Südens die Erde der Gua-Zahl 2; Wie die Flamme im Kamin (Feuer) Asche (Erde) produziert, so „produziert“ das Feuer des Südens positive Unterstützung für die Person mit Erde (2) als Gua-Zahl.

Wenn die Person mit Gua-Zahl 2 im Osten (Holz) schläft, wird sie gesundheitlich und finanziell hingegen geschwächt, weil laut dem Kontrollzyklus das Holz der östlichen Himmelsrichtung die Erde der Gua-Zahl 2 schwächt. Pflanzen und Bäume (Holz) entziehen in der Natur der Erde Mineralien und Spurelemente, was zur Folge hat, dass die Erde immer wieder gedüngt werden muss.

Ein Schlafzimmer im Westen (Metall) ist für Menschen mit Gua-Zahl 2 (Erde) auch nicht vorteilhaft. Denn wie in der Natur die Erde, aus der man Metalle gewonnen hat, ärmer wird, so wird die Gua-Zahl 2 (Erde) in einer westlichen Himmelsrichtung (Metall) ausgelaugt (siehe dazu Schwächungszyklus).

Es erfolgt eine Interaktion der Gua-Zahl auch mit den Luo Shu-Zahlen. (Auf Seite 81 folgen hierzu einige Beispiele). Falls das Gua-Zahl-Element von dem Energiefluss der entsprechenden Himmelsrichtung und den Luo Shu-Zahlen des Raumes gestärkt wird, können die Bewohner des Hauses mit einer finanziell und gesundheitlich gut gestellten Beeinflussung rechnen.

Günstige Himmelsrichtungen für folgende Gua-Zahlen: 1, 3, 4, 9

Günstige Himmelsrichtungen für folgende Gua-Zahlen: 2, 5, 6, 7, 8

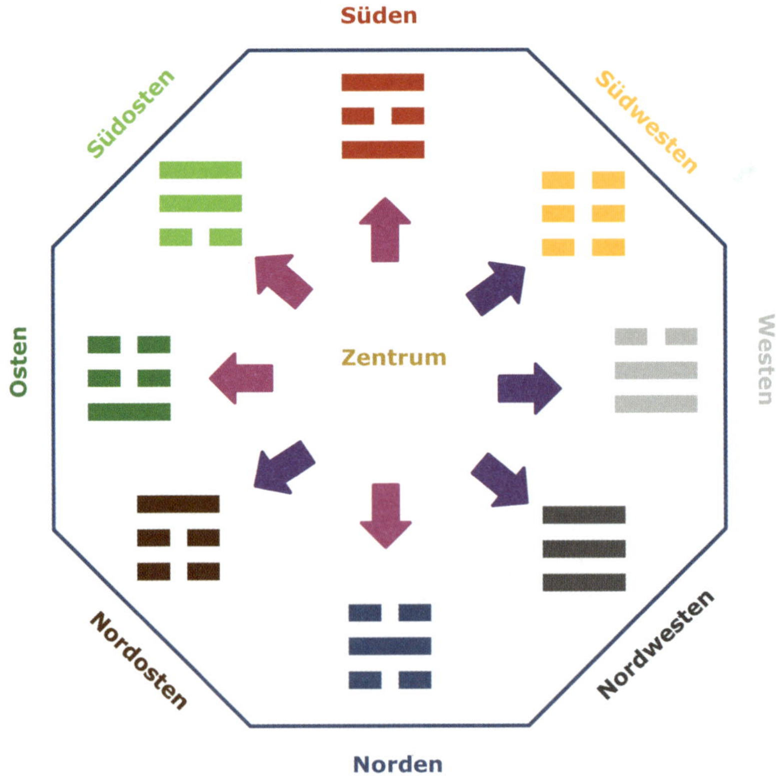

Zeitperioden

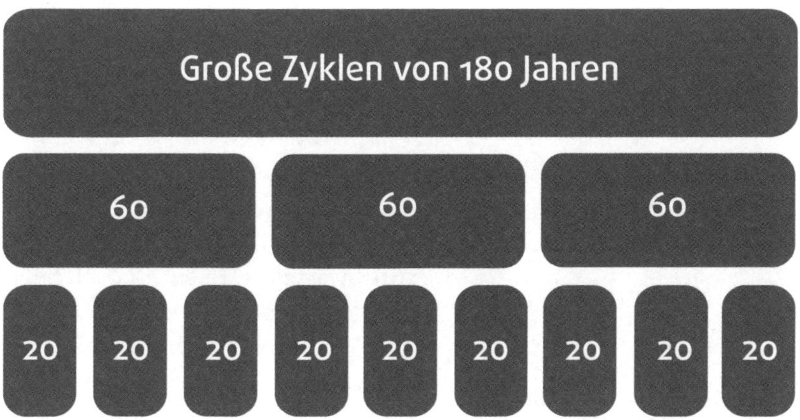

Die Energie eines Gebäudes wird in dem Feng Shui-Wissen in Zusammenhang mit einer Zeitperiode gebracht. Schon 2500 v. Chr. haben die Chinesen festgestellt, dass die Energie alle 180 Jahre eine grundlegende Transformation erlebt hat. Wieso dies gerade die Zeitspanne von 180 Jahren betrifft, wurde allerdings nicht historisch dokumentiert[6)].

Das Feng Shui-Zeitsystem besteht also aus großen Zyklen von 180 Jahren, die in drei kleinen Zyklen von je 60 Jahren unterteilt sind. Jeder kleine Zyklus besteht aus drei Perioden; der Wechsel von einer Periode in die nächste findet alle 20 Jahre statt.

Die neun Zeitperioden

Periode	von	bis
1. Periode	1864	1883
2. Periode	1884	1903
3. Periode	1904	1923
4. Periode	1924	1943
5. Periode	1944	1963
6. Periode	1964	1983
7. Periode	1984	2003
8. Periode	2004	2023
9. Periode	2024	2043
1. Periode	2044	2063

Die Energiequalität und deren Merkmale sind von Periode zu Periode unterschiedlich.

Die 7. Periode steht beispielsweise für Kommunikation und Technologie, denn nie zuvor haben die Menschen die Kommunikationstechnologie in solch einem starken Maße weiterentwickelt. Seit dem 4. Februar 2004 gilt nun die 8. Periode. In dieser suchen die Menschen nach Stabilität; sie wollen damit ihr Sicherheitsbedürfnis befriedigen. Ein finanzieller Erfolg kann aber nur durch motivierte Arbeit und ein starkes Engagement erreicht und gewährleistet werden.

Als Voraussetzung für die positive Entfaltung der Energieeigenschaften in der 8. Periode ist somit das verantwortungsvolle Denken und Handeln der Menschen erforderlich. Die Energiequalität der 8. Periode lässt sich aber nicht missbrauchen oder überlisten, Betrug, Korruption, Gewalthandlungen etc. führen zu Unruhen, zur Verarmung und zum Verlust des gesellschaftlichen Zusammenhalts.

Die Finanzkrise, die durch die betrügerische Arbeitsweise einiger Banker weltweit verursacht wurde, ist nur ein Beispiel dafür, aber Beweis genug.

Der Zeitfaktor ist in der Feng Shui-Methode von wesentlicher Bedeutung für die Berechnung der Luo-Shu-Zahlen. Ist das Haus oder die Wohnung z. B. im Jahr 1928 fertig gestellt worden, zählt für die Berechnung der Luo-Shu-Zahlen die 4. Periode. Bei Fertigstellung im Januar 1924 wird dies noch dem Jahr 1923 zugeteilt, dementsprechend der 3. Periode, denn das chinesische Jahr 1924 hat ja erst am 5.2.1924 angefangen. Das chinesische Sonnenjahr fängt also nicht, wie im westlichen Kalender, jeweils am 1. Januar an, sondern um den 4. Februar des jeweiligen Jahres, d. h.: Das chinesische Jahr 1904 hat am 5.2.1904 begonnen und nicht, wie bei uns, am 1.1.1904.

Ist das Bauobjekt im Februar des zwanzigjährigen Periodenwechsels, d.h. 1904, 1924, 1944, 1964, 1984 oder 2004 fertig gestellt worden, kann der Anfang des chinesischen Jahres mithilfe folgender Tabelle festgestellt werden.

Anfang des chinesischen Sonnenjahres	
1904	05.02.1904
1924	05.02.1924
1944	05.02.1944
1964	05.02.1964
1984	04.02.1984
2004	04.02.2004
2024	04.02.2024
2044	04.02.2044
2064	04.02.2064

Der chinesische Kompass

Es wird vermutet, dass dieser Kompass erstmalig von dem mythischen Urkaiser, Huáng Di, auch „Gelber Kaiser“ genannt, eingesetzt wurde; er hat China von 2696 bis 2598 v. Chr. regiert. Im Laufe der Zeit ist der Kompass aufgrund all der neuen astronomischen Erkenntnisse weiterentwickelt und vervollständigt worden. Anders als der westliche Kompass, der 8 Richtungen anzeigt, ist der chinesische Kompass in 24 Richtungen unterteilt. Diese werden wiederum den Elementen zugeordnet: Im Norden den Wasserzahlen 9, I und 10, im Süden den Feuerzahlen 3, VII und 4, im Osten den Holzzahlen 1, IV und 2, im Westen den Metallzahlen 7, X und 8. Der Nordosten und der Südwesten und die Zahlen II, V, VIII und XI gehören dem Element Erde, der

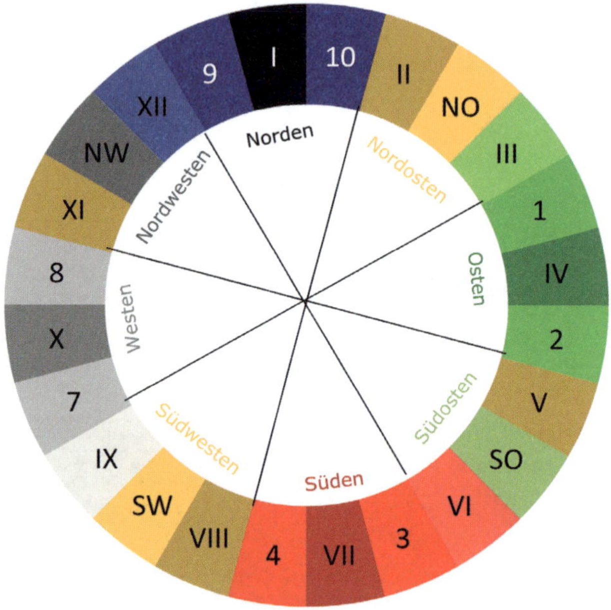

Südosten und die Zahl III dem Element Holz an; die VI dem Feuer, der Nordwesten und die IX dem Metall und die XII dem Wasser.

Der chinesische Kompass, in China Luo Pan genannt, ist unablässig für die genaue Ermittlung der Ausrichtung des Haupteingangs eines Hauses oder einer Wohnung. Darauf basiert die Berechnung der Lo Shu-Zahlen.

Luo Shu-Zahlen

Die Luo Shu-Zahlen sind ein hochgradig entwickeltes Berechnungssystem, welches Zeitqualität mit Raumqualität verbindet. Die Luo-Shu-Zahlen werden auch „Fliegende Sterne“ genannt, weil sie für die universellen Einflüsse stehen, die aus den unterschiedlichen Himmelsrichtungen kommen.

Die Luo Shu-Zahlen können nur mit dem chinesischen Kompass ermittelt werden; diese Berechnung ist ein wichtiger Bestandteil bezüglich der Bestimmung der Grundenergie von Häusern und Wohnungen. Denn aus der Analyse der „Fliegenden Sterne“ lassen sich nicht nur günstige und ungünstige Bereiche im Haus oder in der Wohnung herausfinden, sondern auch die genaue Energiequalität berechnen. So kann z. B. der aktuelle, energetische Ist-Zustand eines Objektes festgestellt werden.

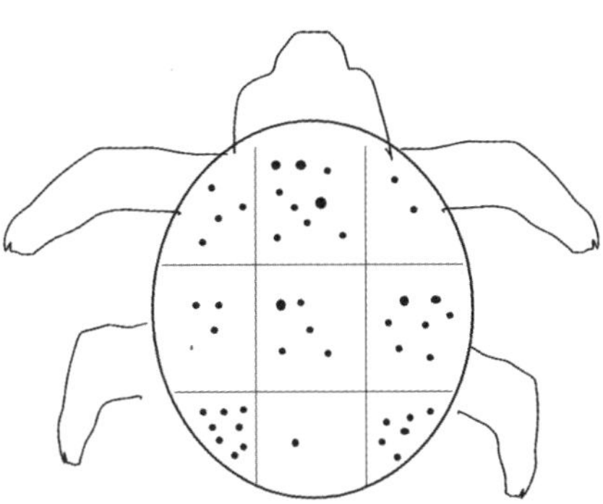

Einer chinesischen Legende zufolge hat der sagenumwobene Kaiser Yü vor ca. 4.000 Jahren ein Diagramm auf dem Rücken einer riesigen Schildkröte, die er an dem Fluss Luo sah, entdeckt. Der Panzer der Schildkröte war in neun Felder aufgeteilt; jedes Feld enthielt eine Anzahl von Tropfen zwischen 1 und 9.

Jede Zeilenreihe in dem Quadrat ergibt immer die Summe 15, sowohl in horizontaler als auch in vertikaler oder in diagonaler Richtung. Jede Zahl, außer der 5 in der Mitte, wurde mit den acht Himmelsrichtungen assoziiert: die 9 mit dem Süden (Feuer), die 1 mit dem Norden (Wasser), die 2 mit dem Südwesten (Erde) usw. Im Laufe der Jahrtausende hat sich daraus ein komplexes System, San Yuan genannt, entwickelt.

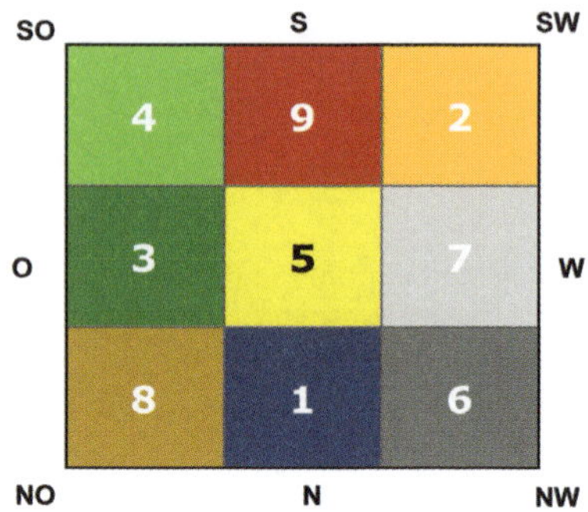

Baujahr 1998 – 7. Periode

Sanierung 2006 – 8. Periode

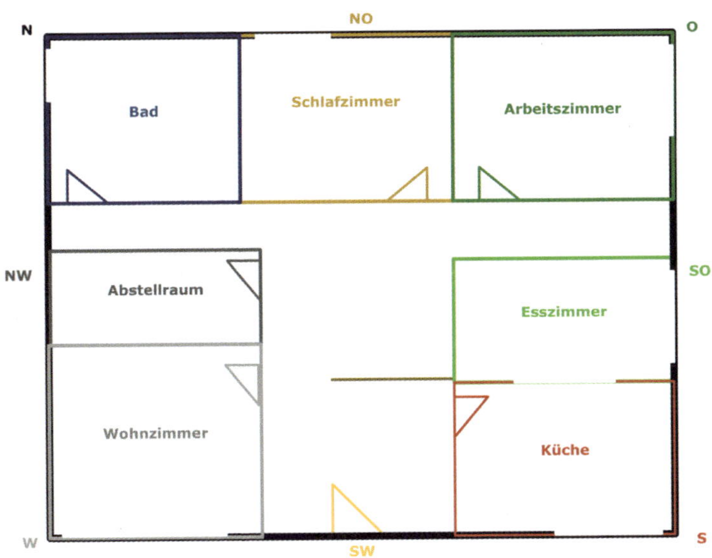

Sanierung 2006 – 8. Periode

Für die Berechnung der „Fliegenden Sterne“ benötigt der Feng Shui-Fachmann das Baujahr des Objektes und die Orientierung des Haupteingangs. Falls das Objekt zu einem späteren Zeitpunkt saniert und dadurch die Zimmeraufteilung geändert und/oder die Haupteingangstür versetzt wurde, zählt für die Berechnung das Jahr der Beendigung der Sanierung. Eine Renovierung, d. h. ein bloßer Streich- oder Tapeziervorgang etc., ändert nichts an der ursprünglichen Zimmeraufteilung und der Orientierung des Eingangs. Deswegen zählt für die Berechnung auch hier das Jahr der Errichtung, z. B. bei einer Wohnung – 1998 (7. Periode) fertiggestellt und 2006 (8. Periode) neu tapeziert – zählt für die Berechnung weiterhin die Periode des Baujahres (7. Periode).

In diesem Beispiel sind also die Luo-Shu-Zahlen einer Wohnung aus dem Jahr 1998 erfasst, die in der 7. Periode bezugsfertig wurde. Die Orientierung des Haupteingangs ist der Süden/VII, die Orientierung der Rückseite der Norden I. Die große Zahl in der Mitte, von jeder Kombination von drei Zahlen, wird aus der Periode, in der das Objekt fertig gestellt worden ist, ermittelt; die kleine Zahl rechts aus der Orientierung des Eingangs und die kleine Zahl links aus der der Rückseite des Gebäudes. Das heißt: Jede auf diese Art errechnete Kombination von drei Zahlen besteht aus der Zeitkomponente der Fertigstellung und der Raumkomponente der Himmelsrichtung.

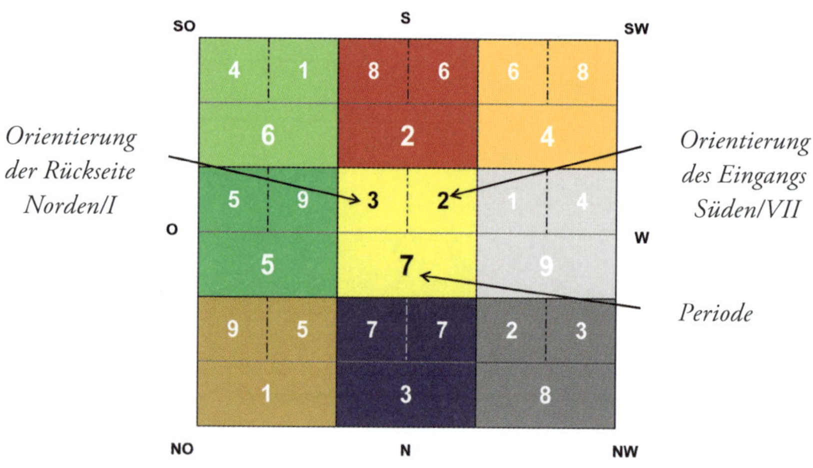

Beispiel: Für eine 4-Zimmer-Wohnung, fertig gestellt 2005, mit der Orientierung des Eingangs Norden/I, gilt folgende Berechnung:

Beispiel 1: Orientierung des Eingangs Norden/I

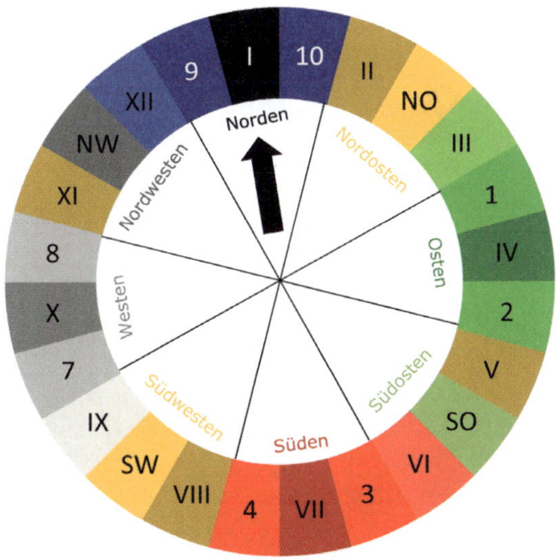

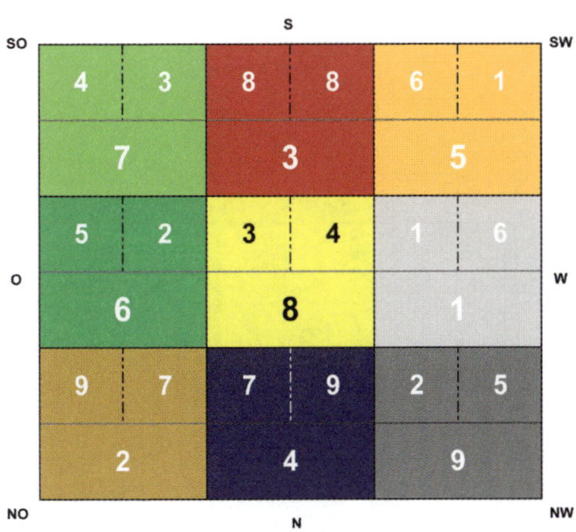

Wenn die Orientierung des Eingangs der Norden/9 ist, gilt diese Berechnung. Aus diesem Grund ist die genaue Ermittlung der Ausrichtung der Eingangstür so wichtig.

Beispiel 2: Orientierung des Eingangs Norden/9

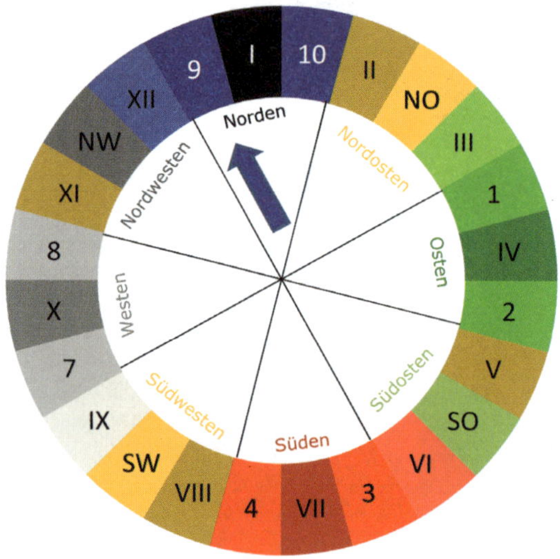

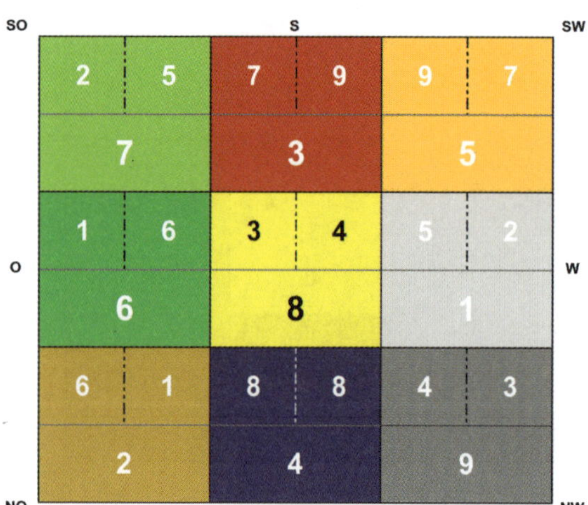

Je eine Gruppe mit drei Zahlen befindet sich in dem Quadrat in einer Himmelsrichtung; diese wird in die entsprechende Himmelsrichtung in den Grundriss übertragen. Bei dem zweiten Beispiel mit der Orientierung des Eingangs Norden/9 befindet sich die Kombination 2-5-7 im Südosten (SO) des Quadrats, deswegen fällt diese Kombination 2-5-7 in den südöstlichen Raum des Grundrisses, d. h. in das Kinderzimmer; die südliche (S) Kombination des Quadrats 7-9-3 wird in den südlichen Raum des Grundrisses übertragen, d. h. in das Wohnzimmer. Im Südwesten (SW) des Quadrats befindet sich die Kombination 9-7-5, die in den Südwesten des Grundrisses, d. h. in das Schlafzimmer, verlagert wird, usw.

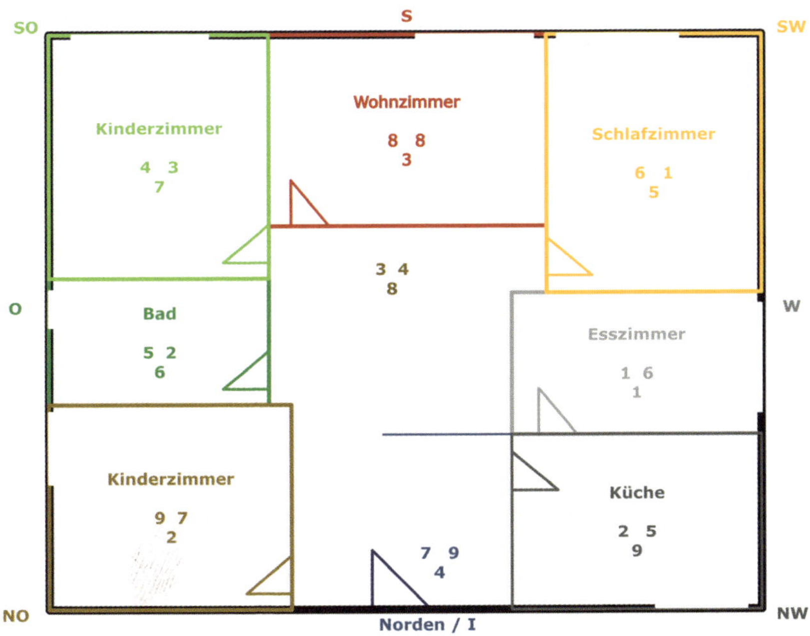

Beispiel 1: Baujahr 2005 (8. Periode) – Orientierung des Eingangs Norden/I

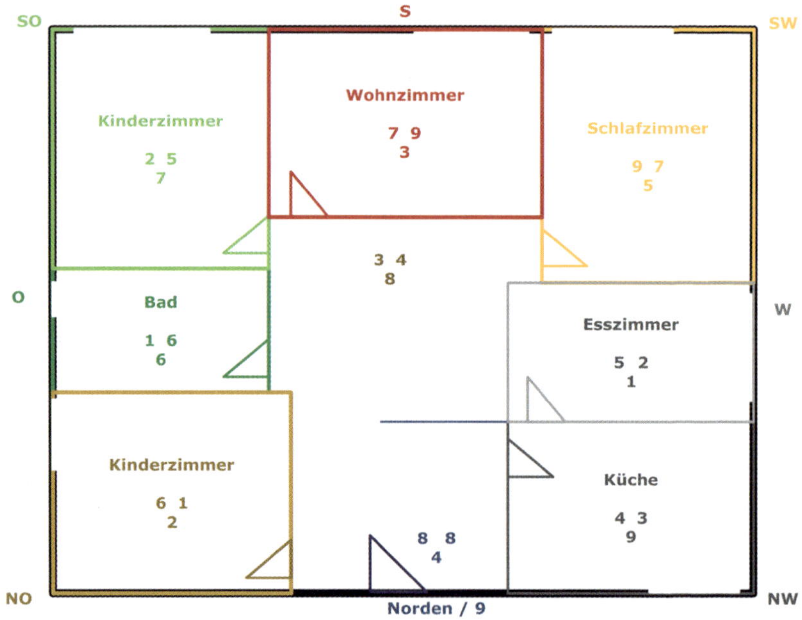

Beispiel 2: Baujahr 2005 (8. Periode) – Orientierung des Eingangs Norden/9

Im 2. Beispiel ist der Eingang sehr günstig gelegen; das Engagement am Arbeitsplatz wird sicherlich mit guten Verdienstmöglichkeiten belohnt. Wenn der Flur in einer der Rottöne gestrichen und ein Teich vor dem Eingang angelegt wird, kann dies zusätzlich eine positive Energie einbringen.

Im 1. Beispiel wird die Energie die Karriere und damit die geschäftlichen Interessen beflügeln und langfristige Geldanlagen begünstigen. Menschen, die in der Medienbranche arbeiten, können Berühmtheit erlangen; außerdem baut diese Energie das Selbstvertrauen auf und inspiriert die Ausdrucksfähigkeit.

In der Wohnung mit der Eingangsorientierung Norden I (Beispiel 1) wird das Kind, das im südöstlich gelegenen Kinderzimmer schläft, gute Noten in der Schule haben, gerne lesen, musizieren und aufgeschlossen für neue Aufgabengebiete und Unterrichtsfächer sein.

Im 2. Beispiel wird das Kind hingegen oft krank sein, sich aggressiv verhalten und Probleme in der Schule haben, denn dieser Raum eignet sich nicht als Kinder- bzw. als Schlafzimmer.

Im 2. Beispiel kann die Energie des Badezimmers sehr begünstigend einwirken und zum finanziellen Erfolg im Geschäftsleben beitragen. Da sich die Energie jedoch im Bad, d.h. in einem Raum, befindet, in dem sich die Bewohner meist nicht so häufig und lange aufhalten, kann diese von ihnen nicht ausreichend aufgenommen werden. Diese Erfolg bringende Energie kann sich aber voll entfalten, wenn im Osten das Wohnzimmer statt des Bades eingerichtet wird, weil man sich im Wohnzimmer öfters aufhält. Es wäre auch günstig im Osten ein Schlafzimmer statt des Bads zu planen: Das Schlafen in diesem östlichen Bereich hätte gute Auswirkungen auf die Gesundheit, besonders für die Bewohner mit der Gua-Zahlenkombination 1, 3, 4.

Im 1. Beispiel ist die Energie im Bad negativ. Da aber die Bewohner sich im Bad eher selten aufhalten, kann diese Energie sie nicht nachteilig beeinflussen. Außerdem kann die Negativität durch die Abflüsse regelrecht weggespült werden.

Im 2. Beispiel verhilft die Energie in der Küche dazu, mit Optimismus neue Projekte aufzunehmen und besonders entschlussfreudig und dynamisch zu sein.

Im 1. Beispiel ist die Platzierung der Küche im Nordwesten dagegen eher schlecht, weil die Energie, durch die Luo-Shu-Zahlen 2-5-9 vertreten, Verdauungsprobleme und Magenerkrankungen verursachen kann. Besonders betrifft dies die Personen mit der Gua-Zahl 1, 3, 4, 9.

Die Lage des Wohnzimmers ist im 1. Beispiel besonders günstig für Menschen, die Karriere in der Politik machen möchten: Wenn man eine Wand in Rot streicht, wird man diese positive Energie zusätzlich stärken. Im 2. Beispiel sollten die Bewohner einen Rechtsstreit oder andere Streitfälle möglichst vermeiden, weil das zu großen Geldverlusten führen könnte.

Weder im 1. noch im 2. Beispiel sind das zweite Kinderzimmer im Nordosten und das Elternschlafzimmer im Südwesten zum Schlafen geeignet, weil die Beeinflussung der Energie hier zu gesundheitlichen Problemen führen könnte.

Die Energie des Esszimmers im 1. Beispiel erleichtert das Lernen; ehrgeizige Menschen können bedingt dadurch beruflich eine Spitzenposition erreichen. Im 2. Beispiel könnten in dem Raum kleinere Missgeschicke passieren, z. B. in der Form, dass die Kinder öfters stolpern, die Tischdecke bekleckern, das Geschirr fallen lassen und ähnliches; außerdem wird es bei den Mahlzeiten leicht zu disharmonischen Situationen kommen.

Die Orientierung des Eingangs bestimmt demnach die Energie der Räume und dieser Einfluss überträgt sich somit auf die Bewohner.

Mithilfe dieser beiden Beispiele ist also deutlich zu erkennen, wie sich die Energie in einer etwa gleich geschnittenen Wohnung unterschiedlich einbringen kann.

Bauen in der 8. Periode

Grundstückssuche

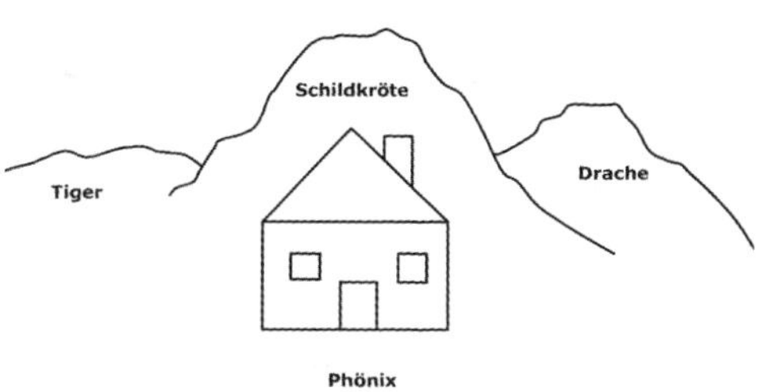

Das Bauen beginnt ja nicht erst bei der Planung, sondern bereits bei der Suche nach einem geeigneten Grundstück, denn die Ausrichtung des Gebäudes spielt dabei eine große Rolle. An der Hinterseite des Hauses sollte sich möglichst ein Berg oder ein Hügel befinden, damit diese Anhöhe dem Gebäude – und dementsprechend den Bewohnern – eine Rückendeckung als Schutz bietet.

Außerdem wird die rückwärtige Seite des Hauses dadurch vor klimatischen Einflüssen wie Kälte, Regen und starken Windböen geschützt. Ein größerer Hügel ist an der linken Seite ideal; an der rechten Seite sollte sich möglichst noch eine etwas weniger ausgeprägte Erhebung befinden, damit der Ort die gute Energie bewahren und erhalten kann. In den alten chinesischen Texten werden die Landschaftsformen mit mythischen Tieren wie Schildkröten (Rückseite), Phönix (Vorderseite), Tiger (rechte Seite) und Drachen (linke Seite) verglichen.

Orte mit einer guten Feng Shui-Ausstrahlung werden auch heute noch mit der Symbolik dieser Lebewesen in Verbindung gebracht. Wenn ein Hügel z. B. die Kontur eines Drachen aufweist, wird damit das Yang-Prinzip (Mann) dargestellt und sollte links vom Haus seine Wirkungskraft entfalten, eine Tigerform bringt dies als Yin (Frau) am wirkungsvollsten an der rechten Seite des Hauses ein; ein Tigerhügel ist immer niedriger als ein Drachenhügel. Falls ein solcher naturgegebener Schutz nicht vorhanden ist, kann man sich diesen schaffen, indem man eine Anhöhe oder eine kleine Mauer baut, auch eine Baumgruppe, eine Hecke oder eine Konifere kann diese Schutzfunktion erfüllen. In der Stadt kann ein großes Gebäude, das sich hinter dem Objekt befindet, die schützende Funktion übernehmen. Auf keinen Fall sollte ein Grundstück auf einem Hügelkamm bebaut werden, weil das Gelände hinter dem Haus abfällt und dadurch bewirkt, dass das Qi sich verflüchtigt und sich an diesem Standort nicht sammeln kann.

Der Blick nach vorne sollte frei sein, am besten auf eine Senke gerichtet oder auf einen Platz, einen Hof, einen Garten bzw. einen Park, damit die Energie sich dort sammeln und das Haus mit konzentrierter Kraft beleben kann. Der ideale Bauplatz ist natürlich ohnehin der, der eine schöne Aussicht bietet.

Die unmittelbare Nähe eines Friedhofs, eines Krankenhauses, einer Kirche, einer psychiatrischen Anstalt, eines Gefängnisses oder eines Gerichtshofs sollte man möglichst vermeiden, denn die Probleme, Sorgen und das Leiden der Menschen, die sich in diesen Einrichtungen befinden, könnte sich negativ auf die Bewohner des Hauses auswirken. Deren Gesundheit kann auch von Strom-, Telefon- und Hochspannungsleitungen beeinträchtigt werden, auch deshalb ist von einem Grundstück in deren unmittelbarer Nähe abzuraten; dies betrifft auch öffentliche Toiletten und Mülldeponien.

Ein quadratisches oder ein rechteckiges Grundstück ist allemal günstiger als ein lang gestrecktes Rechteck oder eine L-Form, U-Form bzw. Trapezform. Grundstücke mit Aussparungen, Dreiecke und andere Formen mit Winkeln, die nicht rechtwinkelig sind, sollten ebenfalls nicht zur Bebauung eines Wohnhauses genutzt werden. Dass das Grundstück vor dem Kauf auf gefährliche Verwerfungen und Wasseradern untersucht wird, sollte auch zu einer festen Regel gehören.

Die Geschichte vom Schloss Miramare zeigt die fatalen Folgen einer mangelnden Rückendeckung. 1855 beschloss Herzog Ferdinand Maximilian, Bruder des Kaisers Franz Josef I., den Bau des Schlosses Miramare, etwa fünf Kilometer nordwestlich der italienischen Hafenstadt Triest. 1860 wurde das feudale Bauwerk fertig gestellt, also zog er mit seiner Gattin, Charlotte von Belgien, dort ein.

Da das monumentale Gebäude auf einem Felsvorsprung erbaut wurde, mit der Rückseite zum Meer, war es jedoch den heftigen Böen ausgesetzt. Das verhinderte, dass das gute Qi sich um das hochherrschaftliche Gebäude sammeln konnte, demzufolge hatte es keine gute Energie und konnte den Bewohnern keine schützende Rückendeckung bieten.

1863 wurde Ferdinand Maximilian zum Kaiser von Mexiko ernannt. Er reiste mit seiner Gemahlin Charlotte dorthin, um seine kaiserlichen Regierungsaufgaben zu erfüllen. Doch als er von Napoleon III. im Kampf gegen die mexikanischen Revolutionäre im Stich gelassen wurde, versuchte Charlotte vergeblich, Hilfe für ihren Mann bei den europäischen Gekrönten zu finden, und so wurde er 1867 von den Rebellen hingerichtet.

Wasser und Berge

Bei einem Grundstück an einer Wasserfläche, beispielsweise auch nur in Form eines Teiches oder eines Swimmingpools, kann sich die Energie sammeln und sogar verstärken. Das Wasser-Qi zieht Geld, Gewinne, mithin Reichtum an, Karrierechancen können schneller wahrgenommen werden, die Anerkennung für eine Arbeitsleistung und das damit verbundene Engagement bringt weitere Pluspunkte.

Ein Hügel oder ein Berg erzeugen eine positive Energie mit einem entsprechenden Einfluss auf die Vitalität und insgesamt auf die Gesundheit und Lebensfreude der Menschen, die dort leben. Diese heitere Gemütsstimmung wirkt sich nicht nur auf das Familienleben aus, ebenso auf die Geschäftsbeziehungen und samt und sonders auf das Betriebsklima.

In der Stadt ersetzen Straßen, Kreuzungen, tiefe Gelände, Parks den Einfluss der Wasser-Energie (Yang); Gebäude, Hochhäuser, Anhöhen, hohe Mauern, eine Baumgruppe erzeugen die Berg-Energie (Yin).

Aber auch die Platzierung eines Teiches oder eines Schwimmbeckens sollte von der Orientierung der Eingangssituation abhängig gemacht werden.

Ist die Orientierung des Eingangs auf den Südwesten/VIII oder den Nordosten/II ausgerichtet, sollte ein Teich oder ein Swimmingpool vor dem Eingang angelegt werden, um dem finanziellen Wohlstand gute

Impulse zu geben und damit die Fähigkeit, den Lebensunterhalt mit einem profitablen Einkommen für lange Zeit zu sichern, zu unterstützen.

Ein Hügel hinter dem Haus begünstigt die stabile Gesundheit, harmonische Arbeitsbeziehungen und glückliche Familienverhältnisse.

Bei einer Orientierung Südwesten, Südwesten/IX, Nordosten und Nordosten/III sollten der Teich bzw. das Schwimmbecken (Wasser) hinter dem Gebäude angelegt werden. Die dadurch entstandene Energie ist ebenfalls günstig in Bezug auf die finanziellen Dinge des Lebens, besonders bezüglich höherer Geldgewinne. Mit zielstrebiger Motivation können demzufolge neue Maßnahmen zur Verbesserung des Finanzmanagements erfolgreich durchgesetzt werden.

Der Fußschemel eines Hügels, eine Bodenerhebung oder ein Felsen auf der Vorderseite des Hauses fördern den Familiensinn und eine gesunde Entwicklung der Kinder. Für eine entspannte Atmosphäre am Arbeitsplatz und gute Gesundheitsbedingungen ist bei dieser Voraussetzung ebenfalls gesorgt.

Der Teich bzw. das Schwimmbecken sollte stets in einem ausgewogenen Verhältnis zum Haus und zur Umgebung stehen, denn zu viel Wasser „ertränkt" die Bewohner – natürlich nur im übertragenen Sinne. Beide sollten darüber hinaus in einer runden oder geschwungenen Form eingefasst und harmonisch in den Garten bzw. in die Grünfläche eingebettet sein.

Fassade

Die Farbauswahl der Fassade des Hauses hängt meist von den Gebäuden in der Nachbarschaft ab. Hat das Nachbarhaus eine „hervorbringende" Farbe, wird dies einen positiven Einfluss auf die Bewohner haben; ist das angrenzende Haus mit einem „zerstörenden" Farbanstrich versehen, wirkt sich das negativ und damit die Energie schwächend aus (siehe hierzu: Die Lehre der Fünf Elemente).

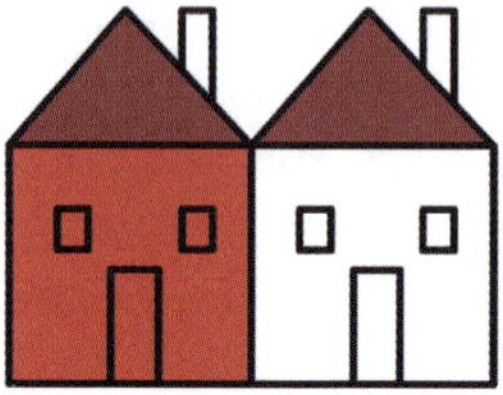

Die Lehre der Fünf-Elemente beinhaltet, dass – wie es in der Natur erlebt werden kann – Metall mit Feuer geschmolzen wird (siehe hierzu: Schädigungszyklus und Kontrollzyklus), dadurch werden das Feuer und das Metall geschwächt. Deshalb ist es nicht ratsam, das Haus in Rottönen zu streichen, wenn das Nachbarhaus einen weißen Anstrich (Metall) hat.

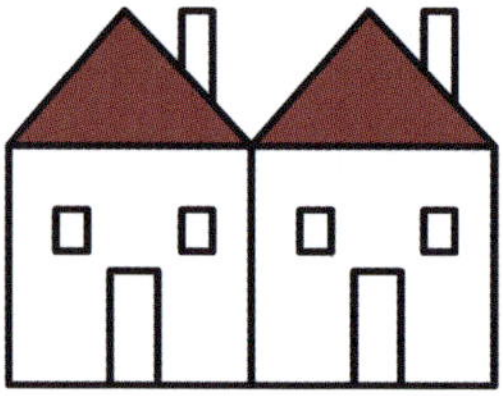

Wird das Haus in Gelbtönen gestrichen, wirkt ein angrenzendes weißes Haus sich schwächend auf die Energie aus, weil Erde das Element Metall produziert, d. h., dass die Erde-Energie (gelbes Haus) von der Metall-Energie (weißes Haus) geschwächt wird (siehe hierzu: Schwächungszyklus).

Es wirkt dagegen unterstützend, wenn eine Wasserfarbe (d. h. Schwarz oder Nachtblau) gewählt wird. Da der Außenanstrich in diesen dunklen Farben jedoch nicht ratsam ist, sollte das Haus einen weißen Anstrich erhalten. Hat das Haus daraufhin dieselbe Farbe wie das des Nachbarn, ist eine gegenseitige harmonische Beziehung geradezu gesichert.

Falls das Nachbarhaus eine grüne Fassade hat, sollte das Haus mit einer „Hervorbringungsfarbe, d. h. in einem der Rottöne, gestrichen werden. Dieser Farbton (Feuer) wird aus der Grünpalette (Holz) hervorgebracht (siehe hierzu: Fütterungszyklus). Das Haus sollte in dem Fall keinen weißen Anstrich erhalten, weil das Weiß zum Element Metall gehört und mit Holz nicht harmoniert. Wird mit einer Axt (Metall) Holz zerhackt, verliert die geschliffene Schneide allmählich an Schärfe. Im übertragenen Sinne bedeutet das, dass das Grüne (Holz) und das Weiße (Haus) geschwächt werden (siehe hierzu: Schädigungszyklus u. Kontrollzyklus).

Bei einem Haus, das frei steht, muss bei der Farbauswahl auch die Form des Gebäudes beachtet werden. Wohnhäuser gehören grundsätzlich zum Element Erde, weil sie meist stabil und breit gebaut sind. Deshalb passt eine „hervorbringende" Farbgebung in rosa, roten, pinkfarbenen Tönen oder ein harmonischer Gelbton am besten. Das Haus kann aber auch in einem Pfirsichton gestrichen werden, weil Orange sich aus einer Mischung von Rot/Feuer und Gelb/Erde ergibt.

Hochhäuser gehören zum Element Holz und können problemlos mit verglasten (Glas gehört zum Element Wasser) Außenwänden bedeckt werden, denn das nährt sozusagen alle darin ausgeübten Tätigkeiten (siehe hierzu: Fütterungszyklus).

Main Tower in Frankfurt

Zufahrtsweg

Der Zufahrtsweg ist die Verbindung der Außenwelt zu dem Gebäude, dadurch können die Bewohner, Gäste, Kunden es betreten und, nicht zuletzt, die Energie hereinströmen. Aus diesem Grund sollte der Weg zum Haus einladend gestaltet, frei und offen sein und ein Gefühl von Weite vermitteln. Die Wegführung darf nicht zu schmal angelegt werden oder schmaler als der Haupteingang sein; Hindernisse wie Bäume, Säulen und Strommasten an der Haustür sollten möglichst entfernt werden, damit die Energie ungehindert in das Haus hineinströmen kann. Die Führung des Zuweges darf aber auch nicht geradlinig und direkt auf die Eingangstür zulaufend angelegt sein. Eine geschwungene Anfahrt zum Haus, die zur Straße breiter wird, ist am günstigsten. Falls das nicht ermöglicht werden kann, sollten blühende Stauden, Kübelpflanzen oder andere Gartenaccessoires für einen schlängelnden Weg sorgen. Abfallende Zufahrten sind ungünstig, weil das Qi dann sozusagen wegfließt und nicht zufließt. Bei einer ebenen Zufahrt kann das nicht passieren.

Auch die Farbe des Zufahrtsweges sollte möglichst positiv auf die ganze Situation des Hauses abgestimmt sein. Hat das Bauwerk einen roten Anstrich, ist es günstig, den Zufahrtsweg mit grünlichen Platten zu asphaltieren, weil der grüne Farbton zum Element Holz gehört und Feuer (roten Farbstoff) hervorbringt. Ein Zufahrtsweg, der mit rötlichem Kies (gehört zum Element Feuer) belegt ist, passt gut zu einem Haus in einer Erdfarbe, z. B. Ocker.

Eingang

Der Eingangsbereich eines Hauses, einer Wohnung, eines Geschäftes ist das Erste, was die Bewohner, Besucher, Gäste und Kunden zu sehen bekommen. Deshalb ist diese Gestaltung, sozusagen als Visitenkarte, besonders wichtig. In der Feng Shui-Lehre wird immer wieder die Bedeutung des Eingangsbereichs betont, da durch die Eingangstür die Energie ins Haus strömt und dadurch das ganze Haus beeinflusst wird. Dieser Bereich sollte möglichst geräumig gestaltet und hell, freundlich und einladend eingerichtet sein.

Mit der Treppe werden die einzelnen Geschosse energetisch verbunden, deswegen sollte sie groß, massiv, breit und gut beleuchtet sein, um auch dadurch den aufsteigenden Energiefluss zu begünstigen. Mit entsprechenden Bildmotiven an den Wänden kann diese Aufwärtsbewegung ebenfalls unterstützt werden, z. B. mit Bildern im Hochformat und der Abbildung von Bäumen, die den Energiefluss nach oben ziehen. Eine Treppe ohne Setzstufen, durch die die Energie hindurchzieht, aber nicht hinaufsteigt, und demzufolge ihre Kraft nicht entfalten kann, sollte vermieden werden. Eine sanft geschwungene Stein- oder Holztreppe ist dagegen sehr günstig für das Hinaufsteigen und für den Energieerhalt. Enge, leichte Wendeltreppen sind keinesfalls zu empfehlen.

Enge und lange Flure sind ebenfalls nicht vorteilhaft, weil in denen die Energie eher in Form von unangenehmer Zugluft spürbar wird. Die Musterung und auch die Verlegerichtung des Bodens – ob Parkett, Teppichboden oder Fliesen – soll die Energie bremsen, damit sie erhalten bleibt und sich im Haus verteilen kann. Längsmuster oder Streifen in Längsform auf Teppichen beschleunigen die Energie, sodass sie sich zu schnell fortbewegt. Querstreifen und Teppiche mit einem Quermuster halten die Energie dagegen auf und lenken die positiven Kräfte in die Nebenräume. Eine mäandrierende Anordnung von helleren Fliesen auf einem dunkleren Boden, oder auch mehrere runde Teppiche auf einem Parkettboden, stoppen ebenfalls auf harmonische Weise den Energiefluss und leiten ihn in die Räumlichkeiten des Hauses, wo sie sich wohltuend verbreiten können. Große Pflanzen, jeweils rechts und links in versetzter

Form aufgestellt, oder an der Decke aufgehängte große, runde Hängelampen reduzieren im Flur ebenfalls die Energie-Fließgeschwindigkeit, die sich somit langsam durch den Flur oder den Gang schlängeln und verteilen kann.

Flure, die geradlinig die Vorderseite und die Rückseite eines Hauses miteinander verbinden und dazu in der Mitte des Grundrisses verlaufen, sind sehr ungünstig. Solche Flure, die die Räume auf beiden Seiten öffnen, spalten den Grundriss und damit, im übertragenen Sinne, auch die Menschen, die dort leben und wirken – sei es privat oder beruflich. Dies kann vermehrt zu Trennungen, Ehescheidungen bzw. zu verhärteten Fronten zwischen Vorgesetzten und Mitarbeitern führen; auch Streit zwischen Eltern und Kindern ist hier nahezu vorprogrammiert. Eine solche Anordnung ist auch deshalb unvorteilhaft, weil die Energie, die durch den Haupteingang hereinkommt, durch den Hintereingang ungebremst, geradezu im Eiltempo, durchrauscht und sich somit verflüchtigt und sozusagen ihre Wirkungskraft verpuffen lässt. Deshalb sollte grundsätzlich ein solcher Grundriss gar nicht erst zur Planung gelangen.

Die Haupteingangstür sollte massiv sein und eine angemessene Proportion zum Haus haben. Eine zu kleine und enge Tür ist nicht nur lästig für die Menschen, die dort ein- und ausgehen; dies verhindert zudem den ungehinderten Energiefluss und hat zur Folge, dass das Gebäude energetisch unterversorgt ist. Die Eingangssituation ist besonders wichtig für Einrichtungen mit Publikumsverkehr, also Kinos, Restaurants Läden und Banken, deren Kunden von der Straße hereinkommen.

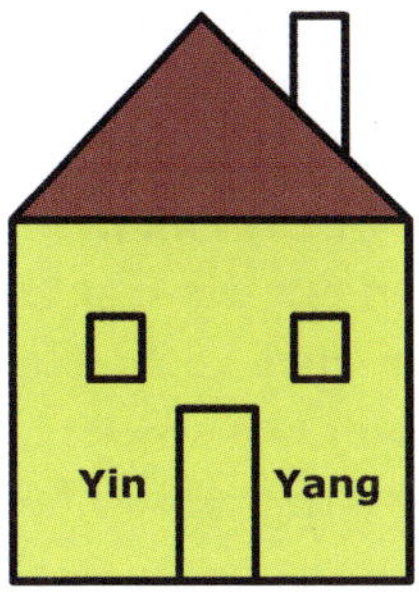

Je leichter die Energie hineinfließen kann, desto größer wird der Kundenzulauf sein. Bei einem seitlichen Eingang erfolgt ein Ungleichgewicht zwischen Yin und Yang, deswegen ist es ratsam, den Eingang mittig zu platzieren. Wenn man aus der vorderen Eingangstür hinausblickt, ist die rechte Seite als Frauenseite (Yin) und die linke Seite als Mannseite (Yang) markiert.

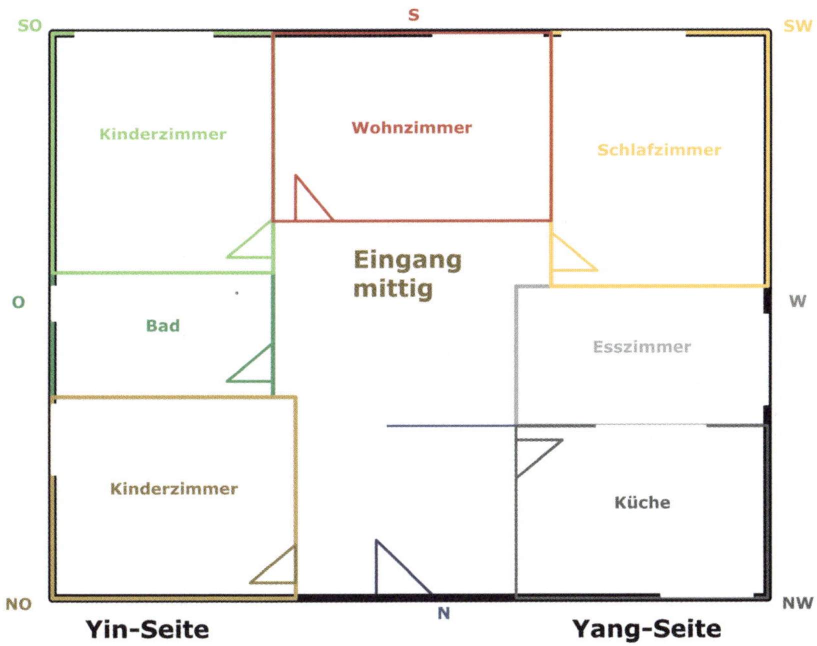

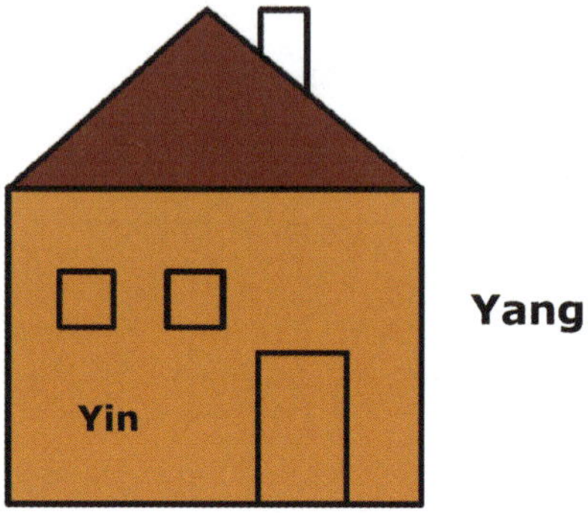

Ist die Yang-Seite ausgespart, wird der Mann öfter dort abwesend sein, weil er z. B. viel arbeitet, oftmals verreist ist oder Freizeitaktivitäten außerhalb des Hauses ausübt. Es kann aber auch sein, dass in solch einem Haus (oder in solch einer Wohnung) eine Frau alleine wohnt.

In Geschäftsräumen kann sich diese Bauweise so auswirken, dass meist nur weibliche Kunden (Yin) die Räume betreten. Das ist einem Laden, der Damenbekleidung verkauft, durchaus zuträglich, kann ein Geschäft für Herrenbekleidung jedoch in den Ruin treiben.

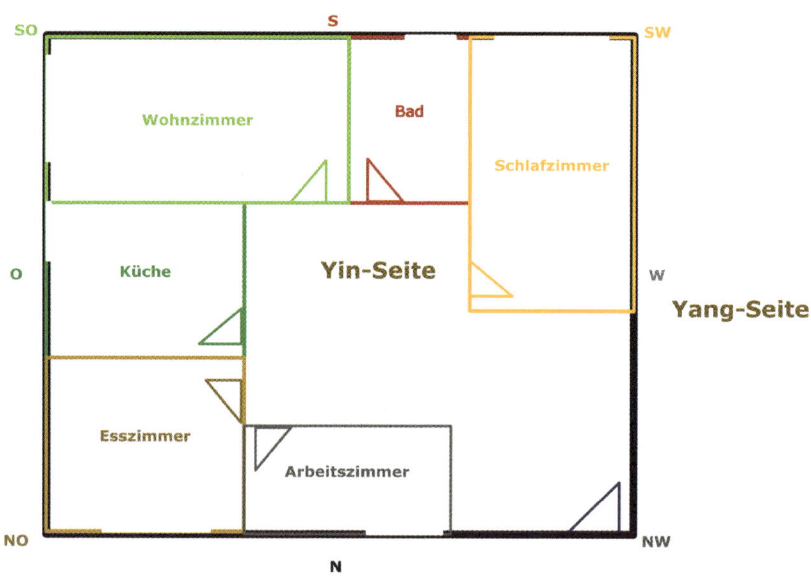

Eine fehlende Yin-Seite kann bedeuten, dass die weibliche Komponente in einem Haus oder in einer Wohnung nicht vertreten ist. Hier finden die Bewohner nur schwer zur Entspannung und zur inneren Ruhe (Yin). Ein Mann, der sich eine Partnerin wünscht, wird es schwer haben, eine zu ihm passende Frau zu finden. Ein Schönheitssalon, der vorwiegend auf weibliche Kundschaft (Yin) angewiesen ist, wird nur wenige Kundinnen finden, wenn die Yin-Seite ausgespart ist.

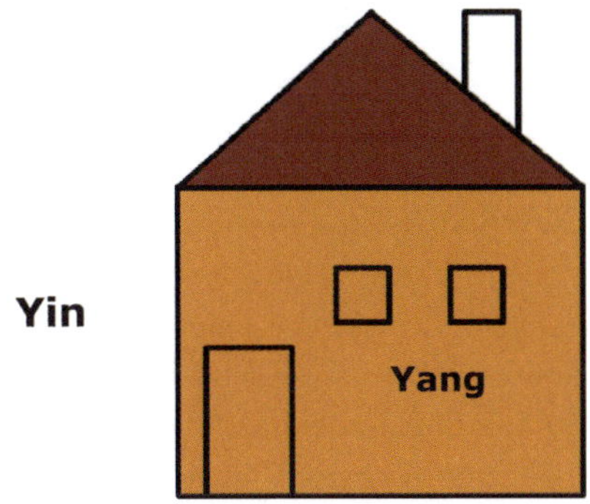

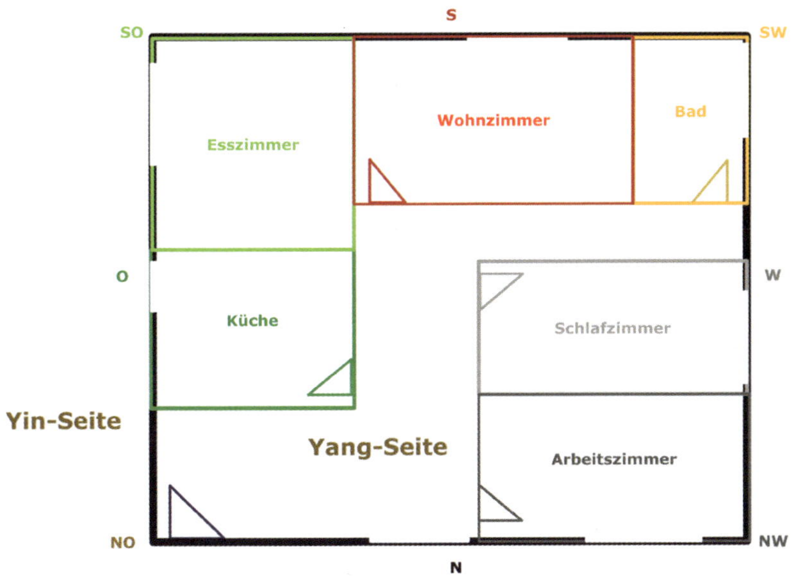

Bad

Das Bad und das Gäste-WC (in einem Haus oder in einer Wohnung), die Toilette (in einem Laden/Büro/Kaufhaus) sollten nicht in unmittelbarer Nähe der Haupteingangstür installiert sein, um einen zu großen Energieverlust zu vermeiden. Denn die Energie, die durch den Eingang hereinströmt, soll ja das ganze Haus beleben und sich nicht im Bad verlieren. Die Badezimmertür sollte deshalb immer geschlossen sein. Das Toilettenbecken ist hinter der Tür oder hinter einer trennenden Wand am günstigsten untergebracht; der Deckel sollte, nach der Benutzung der Toilette, immer zugeklappt werden. Für das Bad sind weiße, graue oder grüne Fliesen mit glatten Oberflächen zu empfehlen. Die Feuchtigkeit (Yin), die sich im Bad bildet, kann mit der glatten (Yang) Oberfläche der Fliesen und der Spiegelflächen kompensiert werden; mit aufstrebenden Pflanzen kann das Badezimmer von überschüssiger Feuchtigkeit und einer stagnierenden Dampfentwicklung befreit werden. Holzmöbel oder grüne, weiße, schwarze und nachtblaue Möbel sind hierfür am besten geeignet; Rot-, Braun- und Gelbtöne am wenigsten.

Küche

Die Küche in einem Bürogebäude spielt eigentlich eher eine Nebenrolle, weil die Aufenthaltsdauer hier am geringsten ist. Die Küche in einer Wohnung oder in einem Wohnhaus ist dagegen sehr wichtig und sollte geräumig, hell, gut gelüftet und funktional eingerichtet sein. Ein Herd in Inselstellung, in der Mitte des Raumes positioniert, ist am besten geeignet, weil die Person, die dort kocht, insofern den ganzen Raum überblicken kann.

Eine gedrängt eingerichtete Küche mit einem in die Ecke gezwängten Herd lässt keine Freude am Kochen aufkommen und wirkt sich demzufolge negativ auf die Speisen und letztlich auch auf die Gesundheit der Bewohner aus. Die Person, die kocht, sollte nicht mit dem Rücken zur

Tür arbeiten, weil das beim Kochen stören könnte, z. B., wenn jemand von der Familie oder ein Gast den Raum betritt.

Eine gute Herdposition hat also insgesamt eine positive Auswirkung auf die Speisezubereitung und die Zufriedenheit der Familie und gegebenenfalls der Gäste. Die Wasser- und Kühlelemente – Geschirrspüler, Spüle, Gefrierschrank etc. – sollten nicht unmittelbar neben dem Herd stehen, denn da das Wasser in der Lehre der Fünf Elemente das Feuer löscht, entsteht ein Wasser-Feuer-Konflikt.

Berechnung der Luo Shu-Zahlen

Die gegenwärtige 8. Periode ist am 4. Februar 2004 eingeläutet worden und wird am 3. Februar 2024 beendet sein. Ab dem 4.2.2024 wird dann die 9. Periode beginnen. In der 8. Periode ist die Orientierung des Eingangs nach Südwesten, Südwesten/VIII und Südwesten/IX oder Nordosten, Nordosten/II und Nordosten/III in jeder Hinsicht, ob für das Privatleben oder für berufliche Interessen, Erfolg versprechend, weil die Energie sich in den Innenräumen bei dieser Anordnung und Aufteilung optimal verteilen kann. Falls jemand in der 8. Periode ein Bauvorhaben verwirklichen will, sollte er die Eingangsorientierung möglichst dem Südwesten oder dem Nordosten zuordnen.

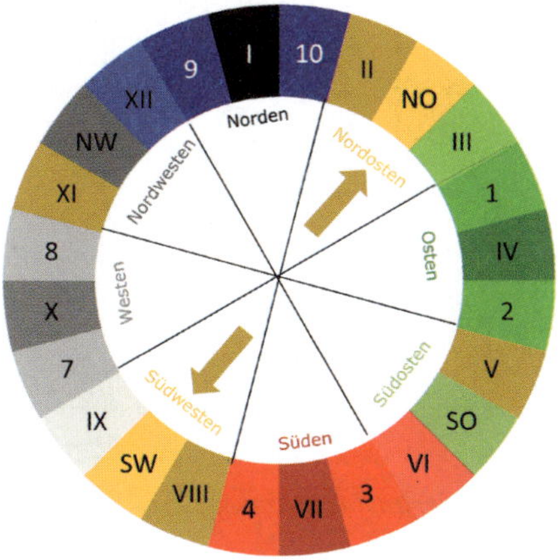

Wer in der 8. Periode sein Haus gründlich saniert hat – oder dies möchte – und diese Orientierungspunkte in Bezug auf den Haupteingang (siehe Seite 75) einbezogen hat – oder dies plant –, der wird ebenfalls von dieser Glücks-Energie begünstigt und kann daran partizipieren und profitieren.

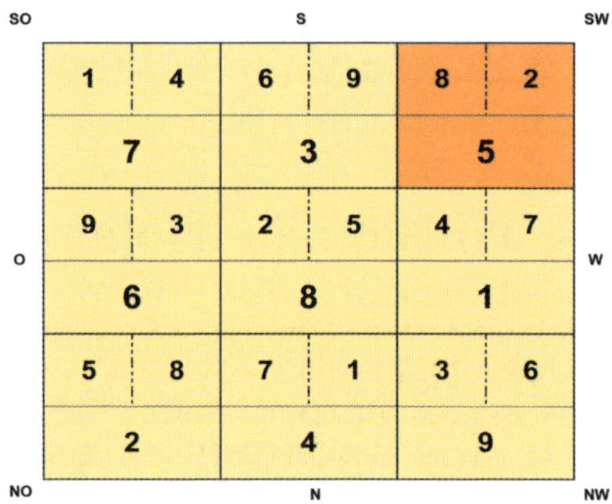

Orientierung des Eingangs SW oder SW/IX

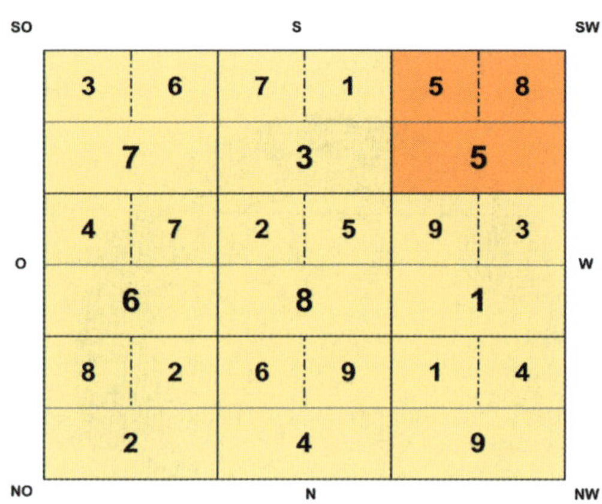

Orientierung des Eingangs SW/VIII

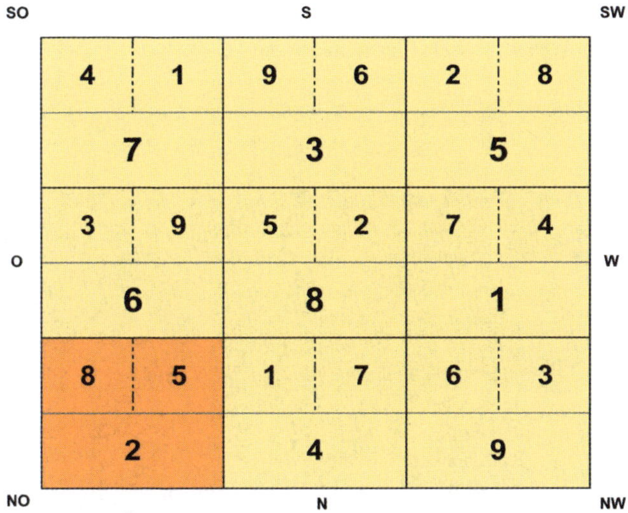

Orientierung des Eingangs NO oder NO/III

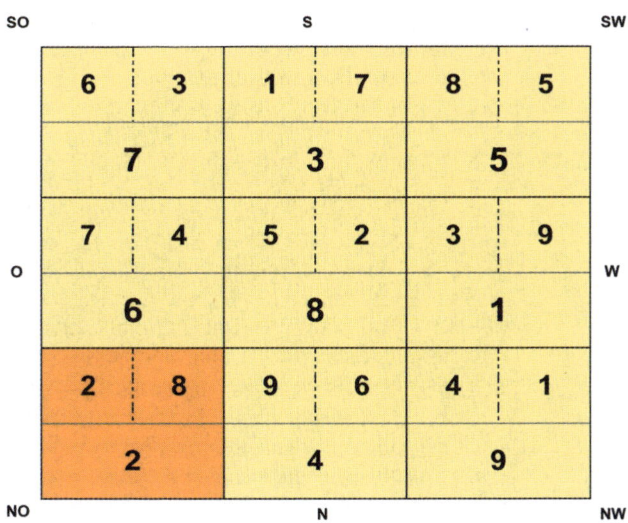

Orientierung des Eingangs NO/II

Diese Tabelle zeigt die energetische Bedeutung der Luo Shu-Zahlen und deren Zugehörigkeit zu den Elementen:

Zahl	Element	Bedeutung
1	Wasser	Diese Energie wirkt unterstützend, wenn jemand einen besonders guten Ruf erwerben und einen hohen gesellschaftlichen Status erreichen möchte. Sie ist geeignet für Menschen, die durch ihr starkes Bildungsinteresse einen hohen Klugheitsgrad erreichen wollen. Die Wasser-Zahl 1 begünstigt Geschäfte, die mit diesem Element zu tun haben, z. B. Fischereien, Reedereien, Wassersport- und Kurbetriebe. Logisches Denken und Offenheit für fremde Länder sind ebenfalls kennzeichnend für diese Energie; Berufe im Transportwesen, in der Logistik und im Tourismus werden begünstigt.
2	Erde	Diese Energie beschert Erfolg im Immobilien- und Grundstücksgeschäft und begünstigt Kapitalanlagen, Zinserträge, Spitzenverdienste, Immobilienrenditen etc.; Berufe im Versicherungs- und Krankenwesen passen ebenfalls zu dieser Energie.
3	Holz	Diese Energie steht für Ausdauer, Entschlossenheit, offensive Tatkraft sowie für alle, die am Fortschritt im hohen Maße interessiert sind und mit ihrem unbändigen Impuls immerzu nach vorne streben. Sie ist besonders geeignet für alle Berufe, die mit Bewegung, gewagten Unternehmungen und mit einer starken Risikobereitschaft zu tun haben, z. B. Sportlehrer, Kletterer, Abenteurer, Militärpersonal, Sicherheitsdienste und, nicht zuletzt, Börsenmakler.
4	Holz	Diese Energie unterstützt schulische und akademische Erfolge, literarische Auszeichnungen, künstlerische und schöngeistige Begabungen sowie das fortschrittliche Fachwissen in vielerlei Richtungen. Man kann, von dieser Energie beeinflusst, als Buchautor und Künstler aufgrund guter Erfolge ein gutes Geld verdienen. Zwischenmenschliche Beziehungen im Privat- und im Geschäftsleben werden ebenfalls durch die Holz-Energie begünstigt und entsprechende Berufe im Marketingbereich, im Verkauf und in der Vermittlung ebenso.

Zahl	Element	Bedeutung
5	Erde	Diese Energie verhilft dazu, eine Machtposition auszubauen, eine hohe Stellung sowie Reichtum zu erwerben. Edle Gefühle, Kompetenz und Autorität können von der „5" hervorgerufen werden.
6	Metall	Diese Energie symbolisiert in besonderer Weise die Macht und die Stellung, die nur mit harter Arbeit und Durchhaltevermögen zu erreichen ist. Derjenige, der Interesse an einer solchen Karriereleiter hat, kann dies in einer besonders qualifizierten Anstellung im öffentlichen Dienst, in der Politik oder bei einer hochrangigen und namhaften Firma erlangen.
7	Metall	Diese Energie wird mit Kommunikationsfähigkeit assoziiert, d. h., damit ist die Repräsentation der persönlichen und geschäftlichen Erfolge in den Medienberufen gemeint, d. h.: Schauspieler, Pressesprecher, Kommunikationsmanager; aber auch Zahnärzte und Chirurgen werden von dieser Energie begünstigt.
8	Erde	Diese Energie sichert Wohlstand und Reichtum in jeder Hinsicht. Der finanzielle Erfolg kann aber nur durch harte Arbeit, Engagement und Durchhaltevermögen erreicht werden. Diese Energie ist besonders auf den finanziellen Aufschwung im Geschäftsleben ausgerichtet.
9	Feuer	Diese Energie steht für Beförderungen, Glücksfälle, große Beliebtheit und Popularität. Sie ist gekennzeichnet von Leidenschaft, Wärme, Glanz und einer äußerst gewandten Redegewandtheit. Unter dem Einfluss dieser Energie kann man leichterdings erreichen, sich mit seinen Fähigkeiten und Talenten im Zentrum der Aufmerksamkeit präsentieren zu können.

Wohnobjekte

Zwei Wohnungen

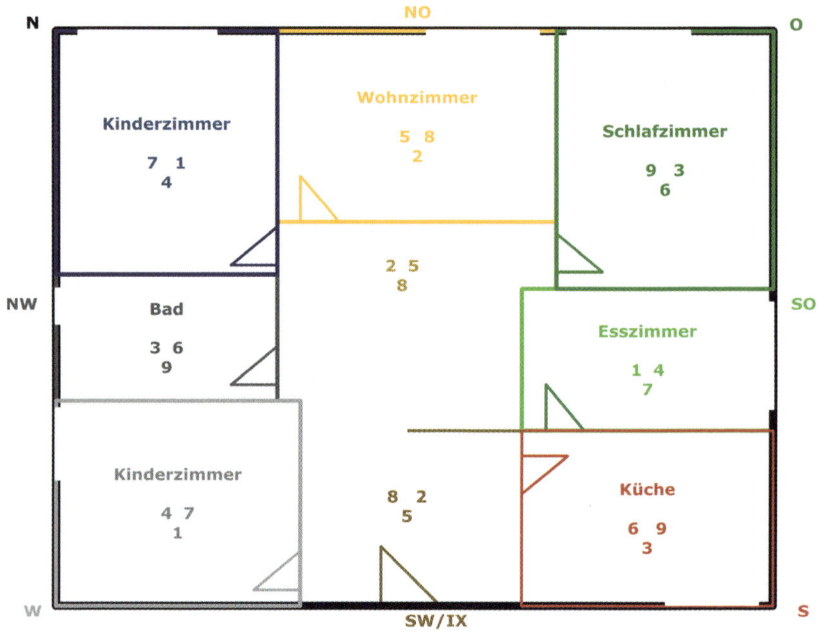

Beispiel 3: Wohnung mit Orientierung des Eingangs nach SW/IX.

Anders als in dem 1. und 2. Beispiel (s. Seite 79 - 80) ist die Orientierung des Eingangs hier auf den Südwesten/IX ausgerichtet, demzufolge ist die Energie in allen Räumen positiv. Mit entsprechenden Farben, Formen und Materialien kann zusätzlich die Positivität der Energie in der Wohnung gestärkt und verbreitet werden. Wenn die Außenseite der Eingangstür dazu noch einen roten Farbton erhält, kann diese kräftige Yang-Farbe vermehrt auf die Energie in der Wohnung einwirken.

Eine Lichtquelle erzeugt dynamisches Qi, deswegen ist es besonders wichtig, dass eine südwestliche Ausrichtung von einer feurigen Yang-Energie angeregt wird: Die gezielte Platzierung eines Lichtkörpers vor der Eingangstür stimuliert außerdem den Energiefluss.

Durch den Eingang strömt die Energie herein, die die ganze Wohnung versorgt; deswegen ist eine harmonische Gestaltung dieses Bereichs von großer Bedeutung. Um den Qi-Fluss nicht zu unterbrechen, sollte allerdings auf schwere Möbel verzichtet und die Funktionalität und Ästhetik mit kleinteiligen Möbelstücken vereint werden. Als Einrichtungsgrundlage für den Eingangsbereich sind weiße Wände günstig, dazu weiße Möbel mit abgerundeten Formen, aufgelockert durch grüne Pflanzen. Die Eingangssituation kann darüber hinaus mit Abbildungen von immergrünen Bäumen – wie Kiefern und Zypressen – dekorativ gestaltet und energetisch gestärkt werden. Ein Granit- oder Marmorboden in der Farbpalette der Grautöne komplettiert diese stilvolle Einrichtung.

Eine kreisförmige Wand- und Bodengestaltung in der Mitte der Wohnung dient der Zentrierung der Energie, die sich alsdann bündeln und optimal in allen Räumen verteilen kann: Weiße Wände, dekoriert mit

riesigen grünen Punkten, vermitteln zudem eine fröhliche Stimmung; das Kreismuster kann auf dem grauen Boden als korrespondierendes Stilelement wiederholt werden.

Holz im Schlafzimmer	
Himmelsrichtungen	Osten, Südosten
Möbel	Schrank, Bett, Tisch, Nachttische, Tür, Fensterläden, Fensterrahmen aus Holz (Naturholz, Korb, Bambus) oder in Grün oder Hellblau gestrichen
Textilien	Gardinen, Teppiche, Kissen, Tagesdecke, Lampenschirme: einfarbig oder vertikal längs gestreift, oder mit floralen Motiven in Grün oder Hellblau; Material: Baumwolle
Bilder	im Hochformat, Motive: grüne Baumlandschaften, auch Blumen, hellblauer Himmel
Accessoires	hochformatige Rundvasen
Boden	Parkett, Laminat, Kork

Das Schlafzimmer sollte möglichst im Osten eingerichtet werden, wenn das Element Holz in dem BaZi gestärkt werden muss. Ein Holzbett, transparente Vorhänge, ein grüner Baumwollteppich und eine grüne Decke sorgen beispielsweise hier für eine angenehme Wohlfühlatmosphäre. Die in Grün gestrichene Wand setzt farbige Holzakzente, denn die Farbe Grün und alle Holzmaterialien gehören zu diesem Element. Der Bettrahmen und der Kopfteil aus Holz ergänzen die Holzenergie und komplettieren den Raum.

Die Energie dieses Raumes aktiviert die Ausdrucksfähigkeit der Bewohner und stärkt ihr Selbstwertgefühl, dies ebnet den Weg zur Popularität, wenn man zum Beispiel häufig in der Öffentlichkeit agiert oder als Schauspieler arbeitet. Es verhilft dazu, mehr Beachtung zu finden, eine Beförderung zu erreichen und demzufolge auch einen finanziellen

Aufstieg. Schließlich ermutigt es diese Menschen dazu, ihre Talente auszuleben und zu zeigen.

Ideal ist dieser Raum für Menschen mit der Gua-Zahl 9: Diese Zahl gehört zum Element Feuer und wird vom Holz des Ostens und der Luo Shu 3 (Holz) des Raumes gestärkt (s. dazu Fütterungszyklus, Seite 28). Die Eigenenergie der Personen, die hier schlafen bzw. Ruhe finden möchten, wird dadurch gefördert; das bedeutet, dass sie sich dort nachts wohl fühlen, sich tagsüber ziel- und zweckbewusst verhalten, effektiver arbeiten und seltener erkranken.

Hellblaue wie grüne Farbtöne gehören zum Element Holz, deswegen können Ruheräume alternativ in einem zarten Himmelblau gestrichen werden, dazu die Fensterläden, Nachttische und Türen in Türkis. Längs gestreifte Gardinen/Vorhänge in zartem Hellblau, mit dazu passender Tagesdecke, geben dem behaglichen Ambiente den letzten Schliff. Ein Bett aus dunklem Bambusholz oder aus Korb, anstatt des massiven Holzbettes; ein Bild mit einem Himmelsmotiv am Kopfende lassen eine „himmlische Verbindung" mit dem Rest des Raumes entstehen.

Die südöstliche Energie des Esszimmers wirkt auf die Familienmitglieder animierend in kreativer und musischer Hinsicht; sie werden eher mal Bücher lesen, ein Instrument spielen, sich gestalterisch betätigen und dazu angeregt, ihren Horizont zu erweitern und sich mit neuen Ideen zu beschäftigen. Grüne Stühle, luftige grüne Gardinen aus Organza, eine grün gestaltete Wand, ein runder Teppich in Dunkelgrün geben dem Raum eine beschwingte Leichtigkeit, dafür sorgen auch Bilder mit pflanzlichen Motiven. Mit Zimmerbambus wird das Element Holz aktiviert, somit Wachstum und Prosperität, besonders

eingebracht durch die Stängel dieser Zierpflanze. Ein Tisch mit einer satinierten Glasplatte unterstützt in perfekter Harmonie die Holzenergie: Das Material Glas wird nämlich durch das Element Wasser vertreten und steht im Fütterungszyklus zum Holz (s. Seite 28).

Für ein Kind, das kein – oder kaum – Wasser in dem BaZi hat, ist ein im Norden eingerichteter Raum besonders geeignet. Das Kind wird dann leichter Prüfungen bestehen, in der Schule weniger Schwierigkeiten haben und mit Geschick und Intelligenz das Leben meistern; es wird damit voraussichtlich eine hohe soziale Stellung und eine gute Reputation erreichen. Die Energie dieses Raumes unterstützt besonders einen beruflichen Werdegang in der Logistik, Touristik, im Transportwesen, aber auch im Marketingbereich, ebenso in der Kommunikationsbranche und in sämtlichen Lehrberufen.

Die passende Einrichtung bzw. Gestaltung eines Kinderzimmers besteht idealerweise aus einer Tapete mit welligem Muster, hellen Möbeln mit runden Formen, Gardinen gemustert – eventuell mit Fischen –, einer runden Lampe, einem großformatigen Bild, beispielsweise mit der Darstellung von Delphinen, die sich im Wasser tummeln. Gerade die Verspieltheit der Delphine symbolisiert mütterliche Liebe, Fürsorge, Gemeinschaftssinn, Familienzusammenhalt und harmonisiert den Raum in optimaler Weise. Denn durch die Abbildung von Meerestieren wird das Element Wasser eingebracht; demzufolge kann die fehlende Wasserenergie in dem BaZi unterstützt werden, zusätzlich eventuell durch Gardinen und/oder eine Tagesdecke mit Fischmotiven.

Auch Tapeten, gemustert mit Schiffen oder einem Rettungsring, Fischernetzen, einer Strandsituation können eine entsprechende Meeresstimmung erzeugen; dieser maritime Look lässt sozusagen die Wasser-Energie in den Raum fließen.

Das Sofa, in Weiß, vor einen blau gestalteten Hintergrund gestellt, strahlt Eleganz und Schlichtheit aus; zwei runde Hängelampen verstärken diese Wirkung. Gemeinsam mit den weißen Hockern ergibt dies ein geschmackvolles, gleichwohl harmonisches Farbenspiel, sodass ein einträchtiger Gesamteindruck entsteht. Weiße Gardinen, ein weißer Marmorboden und die runden Kreise der Tapeten stärken zusätzlich das Element Metall. Wer das Geräusch eines fließenden oder leicht sprudelnden Wassers mag, kann mit einem Zimmerbrunnen oder einem anderen Wasserobjekt den Yang-Effekt in den Raum hineinholen. Besonders Tulpen eignen sich zur Ausschmückung eines in diesem dezenten Ensemblestil betonten Raumes, aber auch mit anderen Blumen, z. B. weiße Chrysanthemen – die insbesondere das Durchhaltevermögen vertreten und stärken – kann dies erreicht werden. Die Energie dieses Raumes kann sich viel versprechend auf das Engagement und, bedingt dadurch, auf den finanziellen Erfolg der Bewohner auswirken.

Blumen, Bäume	Symbolische Bedeutung
Buchsbaum	Schutz, langes Leben
Chrysantheme	Dauerhaftigkeit, Langlebigkeit
Geldbaum	Reichtum, Wohlstand
Hibiskus	Fülle, Reichtum, Ruhm
Kiefer	Langes Leben, Beständigkeit
Magnolie	Zufriedenheit, Glück und Schönheit
Orchidee	Liebe, Freundschaft, Fruchtbarkeit
Pfingstrose	Liebe, Leidenschaft, Tugend, Vornehmheit
Zimmerbambus	Wachstum, Gedeihen, Ausdauer, Frieden, Langlebigkeit
Zypresse	Langlebigkeit, Erhabenheit, hoher Beamtenrang

Die westliche Ausrichtung eines Zimmers ist ideal für ein Mädchen ohne Metall in ihrem BaZi, mit den Gua-Zahlen 6 oder 7. Beide Zahlen gehören zum Element Metall; sie harmonieren dementsprechend mit der Metallenergie des Westens und mit der Luo Shu-Zahl 7 (Metall) des Raumes. Schulische Leistungen und Auszeichnungen werden dadurch begünstigt, dies kann sich zum Beispiel auch – oder besonders – auf literarische Wettbewerbe auswirken. Das Kind wird wahrscheinlich bereits in der Schule Freundschaften fürs Leben schließen; mithilfe dieser Energie kann es am besten und mit Erfolg im Marketing- und Public Relation-Bereich tätig werden.

Weiße Möbel mit abgerundeten Formen, eine weiße Decke, weiße Gardinen und ein runder Lampenschirm kompensieren zusätzlich das Metall-Defizit; außerdem bringt das Weiß an den Wänden eine verstärkende Metall-Energie in den Raum und korrespondiert zudem mit den farblich nur fein nuancierten Möbeln. Mit einem hellblauen Teppich kann ein zarter Akzent gesetzt werden, der die dezente Farbgebung nicht störť; mit farblichen „Tupfern" in Rosa, Grün oder Gelb kann diese beruhigende Wirkung ebenfalls erzielt werden.

Das Badezimmer, das durch eine nordwestliche Energie stark beein-

flusst wird, fördert insbesondere das Organisationstalent der Bewohner, dazu deren Arbeitseifer und Autorität und demzufolge deren Erfolgskurs. Glatter Marmor erzeugt Yang-Energie, sodass damit ein Gleichgewicht zu der dominierenden Yin-Energie des Raumes hergestellt werden kann, denn allein aufgrund der Dampf- und Feuchtigkeitsentwicklung ist der Raum yin-betont. Pflanzen sind vorteilhaft, damit die feuchte Wasser-Energie absorbiert wird. Dazu passen prachtvoll aufeinander abgestimmte runde Wandspiegel mit versilbertem Metallrahmen und weiße Waschtische mit welligem Rand auf abgerundeten Füßen, die muschelförmige Badewanne und die runden Säulen sorgen ebenfalls für die Ausgeglichenheit der Energie; als exklusives Accessoire dient der Teakholz-Schrank, der farblich hervorragend zu dem frischen Weiß der Wand passt.

Die Energie in der Küche ist besonders günstig für Menschen, die kein – oder nur wenig – Feuer in dem BaZi haben. Die Betätigung in diesem Raum wirkt sich inspirierend auf ihre Beliebtheit aus, ebenso auf ihre Ausdrucksfähigkeit bzw. Aufgeschlossenheit. Denn derjenige, der hohe Anteile der Feuerenergie in sich trägt, verfügt meist über eine positive Ausstrahlungskraft; er zieht die Aufmerksamkeit der Menschen auf eine ganz natürliche Weise auf sich. Langfristige Geldanlagen werden sich vermutlich lukrativ entwickeln und den Bewohnern einen prosperierenden Lebensstil ermöglichen. Die mit glänzenden roten Kunststofffronten beschichteten Ober- und Unterschränke stärken das feurige Element des Südens schon beim bloßen Anblick. Die weiße Arbeitsplatte ist großflächig angelegt, sodass die Speisezubereitung problemlos erfolgen kann. Weiß und Rot wirken zudem als Farbduo in einer Küche außergewöhnlich, einerseits elegant, andererseits pfiffig. Die Kochstellung in der Mitte des Raumes ermöglicht dem Nutzer, dass er den ganzen Raum überblicken kann (s. Seite 93). Feurige Accessoires – Vasen, Geschirr, Gardinen usw., d. h. alles Feuerfarbige, Flammenförmige, insofern Leuchtende – mobilisieren zusätzlich die Feuerenergie.

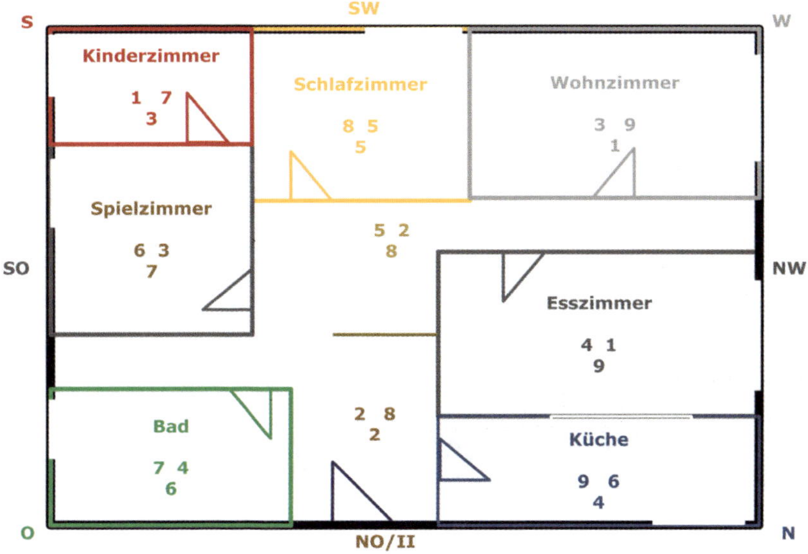

Beispiel 4: Wohnung mit Orientierung des Eingangs nach NO/II

Die Eingangsanlage kann in einem sandgrauen Farbton gestrichen und mit grünen Pflanzen geschmückt werden. Ein hellgrauer Steinboden passt hervorragend dazu, ebenso ein dekorativer schmaler Tisch und eine breite Holzgarderobe mit dem Ablageregal. Das Wandpaneel verhindert den schnellen Durchlauf der Energie zum Wohnbereich. Ein Anstrich in sandgrauer Farbgebung ist auch für die Mitte der Wohnung durchaus geeignet, sodass damit ein farblich harmonischer Übergang geschaffen wird. Die Strahlenaralie mit den handförmigen Blättern ist nicht nur dekorativ, sie wirkt auch harmonisierend auf das ganze Umfeld. Ein hochformatiges Bambusbild bringt einen zusätzlichen Energiefaktor in den Eingangsbereich.

Die Wände des Schlafzimmers können zum Beispiel einen pastellgrauen Anstrich erhalten. Die abgerundeten Formen des Bettes und des Nachttisches – beide in Naturholz – sowie der hellblauen, hochformatigen Kommode machen aus dem Schlafzimmer einen sicht- und spürbaren Wohlfühlraum: Die Rundungen lassen eine Yin-Atmosphäre entstehen, die für den Schlaf förderlich ist. Zwei Kissen in einem kräftigen Königsblau setzen elegante Farbtupfer; zwei Bilder mit der Darstellung von blaublütigen Streublumen, die am Kopfende des Bettes hängen, bewirken eine Beschwingtheit und Leichtigkeit. Die beiden königsblauen Kissen korrespondieren demnach in verspielter Harmonie mit den beiden gleichfarbigen Streublumen-Motiven. Außerdem: Die Zahl Zwei steht ja nicht umsonst für „Zweisamkeit" und ist schon an sich für eine gute Partnerschaft besonders geeignet. Ein sicherer Sitz – symbolisiert durch die Abbildung eines Berges oder in der Gestalt eines Schrankes – stärkt den Rücken, fördert die Selbstsicherheit und begünstigt innerhalb der Familie die Geborgenheit und Harmonie. An der südwestlich gelegenen Wand, neben dem Fenster, kann zum Beispiel ein Bild mit einem Bergmotiv alles dies einbringen (s. Seite 83). Das Schlafzimmer, als Ort der

Ruhe, aktiviert den „Fliegenden Stern“ 8, der gedeihliche Impulse für ein glückliches Miteinander gibt. Ein derartig gestalteter Schlafraum ist besonders geeignet für Menschen mit einem schwachen Erde-Anteil in dem BaZi.

In einem Kinderzimmer, das in den Süden ausgerichtet ist, nimmt der Nachwuchs eine hochgradige Feuer-Energie auf. Ein Kind mit der Gua-Zahl 8 kann in dem hiervon beeinflussten Raum leichter für die Schule lernen, besonders gefühlvoll reagieren, emotional stabil sein und natürlich auch gut schlafen, denn die Zahl 8 gehört zum Element Erde, und Erde steht im Fütterungszyklus (s. Seite 28) in Harmonie mit dem Feuer des Südens. Die Feuer-Energie sorgt stets für eine lebhafte Stimulierung, für ein geselliges Verhalten und für eine herzliche Wesensart. Ein vom Element Feuer begünstigtes Kind hat eine besonders strahlende Ausdruckscharakteristik; es kann meist spontan und unbekümmert auf neue Ideen reagieren. Rosa, als die gemäßigte Variante der feurigen Farbe Rot, lässt sich gut mit Perlmutt kombinieren: Die Wand in Bonbonrosa gestrichen, kommt hier zur Geltung durch perlmuttfarbene Möbel. Aufgrund der in Rosa gehaltenen Accessoires wie: Teppich, Kissen, Sessel, Hocker usw. entsteht ein farbharmonisches Zusammenwirken mit der Wandfarbe; dies gibt dem Raum eine wohlige, gleichwohl wohnliche Note. Die Abbildung der Magnolienblüten lässt sich ideal mit der gesamten Farbgebung des Raumes in Einklang bringen und bewirkt eine elementare Ausrichtung auf Glück und Zufriedenheit. Mit einem Holzboden ist eine gemütliche und warme Atmosphäre eigentlich immer gesichert; mit Rollos und/oder dezent farbigen Vorhängen an den Fenstern sollte im Sommer die starke Sonneneinstrahlung an der Südseite abgehalten werden, damit das Kinderzimmer nicht von einem Yang-Überschuss überflutet wird. Das Babyphon darf nicht am Kopfende des Bettes abgelegt werden, damit die Gesundheit des Kindes nicht von den schädlichen Auswirkungen des Elektrofeldes beeinträchtigt wird.

Die Energie eines solchen Spielzimmers wirkt sich anregend auf das Kind aus; es wird motiviert, sich körperlich auszutoben, sich sportlich zu betätigen und aufgeweckt, aufgeschlossen und neugierig zu sein. Diese südöstliche Holzenergie wird sicherlich frühzeitige Chancen eröffnen und die Erfolgslinie samt und sonders erleichtern und ermöglichen. Denn Feuerfarben haben die größte Strahlkraft; sie regen durch ihre Initialzündung und Intensität zu einem starken Aktivitäts- und Erlebnisdrang an. Deswegen sind sie besonders geeignet für Kinder, die das „Feuer" in dem BaZi „entzünden" müssen, um in den Genuss dieser Lebensfreude zu kommen. Ein Feuerbild an der südlichen Wand und ein roter Schrank können ihnen als wirkungsvolle Wohnkomponenten zusätzlich Lebenskraft und Optimismus vermitteln.

Die Energie im Wohnzimmer ermutigt die Bewohner, sich gefühlvoll und leidenschaftlich zu verhalten. Wer als Schauspieler arbeitet oder im Kommunikations- und Medienbereich tätig ist, wird von dieser Energie zur Popularität angetrieben; ein Wasserspiel, beispielsweise auf der Terrasse, kann den finanziellen Erfolg in langfristigen Geldanlagen darüber hinaus positiv beeinflussen.

Wände und Sofa können in einer naturweißen Farbabwicklung gehalten sein, um eine freundliche und sanfte Stimmung zu erzeugen. Zur Aufheiterung und Wohnlichkeit tragen beispielsweise rote Kissen bei. Die ebenso roten Vorhangbahnen lassen den Raum in dieser Farbkomposition lebendig wirken; die weiße Farbe kann aber auch mittels gestreifter Kissen und Sessel in passgerechter Kolorierung eine fröhlich akzentuierte Stilisierung erhalten. Die rote Farbe kann auch durch entsprechende Erdtöne ersetzt werden: Z. B. wird mit sonnengelber Farbe ein Sonneneffekt erreicht; dadurch wird der Raum mit sonniger Strahlkraft versehen. Diese Farbe wird intuitiv mit der Sonne assoziiert und löst automatisch eine optimistische Stimmung aus. Bei Menschen, die keine Erde in dem BaZi haben, stärkt diese Farbe ihre Sesshaftigkeit und ihre Bodenständigkeit.

Das Esszimmer im Nordwesten unterstützt insbesondere die Bewohner, die auf der Karriereleiter einen hohen sozialen Status anstreben. Es ist die klassische Himmelsrichtung für alle die Menschen, die Ambitionen haben, auf eigenen Füßen ihr Stehvermögen zu beweisen und zu erhalten. Die ideale Gua-Zahl für diesen Raum ist die 6 oder 7; überdies verleiht diese Energie den Bewohnern eine klare Struktur, Verantwortungsbewusstsein und Ernsthaftigkeit; sie stärkt außerdem bezüglich deren Persönlichkeit die praktische und methodische Seite. Die Kombination des eleganten Opalweiß mit den warmen Goldtönen strahlt Gemütlichkeit und ein edles, auf Repräsentation ausgerichtetes Stilempfinden aus. Die gelben Vorhangbahnen korrespondieren in farblicher Ton-in-Ton-Abwicklung mit den Wänden und lockern damit die eintönige weiße Farbe der Stühle und des Bodens auf. Den Mittelpunkt des Raumes bildet der lang gestreckte, opalweiße Tisch, der im gleichen Farbton wie die stilvoll gearbeiteten Stühle gestaltet ist. Eine harmonische Einheit besteht bei den einzelnen Elementen auch in den Details: Die ovalen (Metall) Stuhllehnen passen optimal zu der weißen Farbe (Metall) und der Nordwest-Ausrichtung (Metall).

Falls eine Hausfrau sich oft in der Küche aufhält, um für die ganze Familie zu kochen und zu sorgen, kann sie in diesem Raum den autoritären Umgang mit ihrem Kind bzw. ihren Kindern stärken. Wer Erfüllung in der Arbeit sucht – oder eine Weiterbildung machen möchte –wird sicherlich Anerkennung für das Engagement bekommen. Eine berufstätige Person mit einem starken Durchsetzungsvermögen kann auf der Karriereleiter aufsteigen und demzufolge ihre Fähigkeiten gezielt einsetzen und entwickeln und dafür mehr Anerkennung erhalten. Schwarze (Wasser) Ober- und Unterschränke, kombiniert mit einer Arbeitsplatte und einem Boden aus Holz, sorgen für eine makellose Brillanz und Extravaganz. Weiße (Yang) Wände und Fliesen verhalten sich in harmonischer Farbgebung zum Schwarz (Yin); der Norden ist eine Wasserhimmelsrichtung, womit man die Wasser-Energie in das BaZi einbringen kann.

Pflanzen gehören naturgemäß zum Element Holz und nehmen Feuchtigkeit (Wasser) auf (s. Schwächungszyklus, Seite 30). Aber auch alles das, was in der Lehre der „Fünf Elemente" zum Element Holz gehört, hat dieselbe Funktion: In diesem Bad bezieht sich das auf die grünen Wände und die Ausrichtung in den Osten. Der helle Marmorboden ist mit floralem Dekor belebt, das gleichfalls der Energie des Ostens entspricht. Das WC ist – ganz im Sinne der Feng Shui-Lehre –, hinter der Tür installiert. In der Badewanne, in einem abgeteilten Alkoven untergebracht, lässt es sich bestimmt gut entspannen; der „Alltagsdreck" kann hier sozusagen abfließen. Große, runde Spiegel bringen Großzügigkeit in den Raum; sie passen optisch zu den ebenso abgerundeten Türgriffen und Armaturen. Der Raum strahlt eine fröhliche Helligkeit (Yang) aus und steht nahezu exemplarisch in Balance mit dem Yin der runden Formen.
Die Energie dieses Bades unterstützt insbesondere die schulischen Leistungen des Kindes und fördert die Auffassungsgabe und Aufnahmebereitschaft der Erwachsenen, die zum Beispiel eine Fortbildung absolvieren. Unter dem Einfluss dieser Energie wird das Kind beispielsweise in ausdrucksstarker Form das Bedürfnis haben, seine Ideen zu kultivieren

und mitzuteilen – sei es in schriftlicher Form, durch Musik, Kunst oder in einer anderen intellektuellen oder kulturellen Ausdrucksweise. Die persönliche Heilkraft, die dazu verhilft, gesund und vital zu bleiben, wird von dieser Energie ebenfalls gestärkt.

Yin und Yang in diesem Bad	
Yin	Yang
Feuchtigkeit, Dampf, runde Waschbecken, abgerundete Türgriffe und Armaturen, Arkade	Helligkeit, glatter Marmorboden, florale Motive, Spiegel

Freistehendes Haus

Himmelsrichtung	Element	Familienbeziehung
Norden	Wasser	Mittlerer Sohn
Südwesten	Erde	Mutter
Osten	Holz	Ältester Sohn
Südosten	Holz	Älteste Tochter
Mitte	Erde	–
Nordwesten	Metall	Vater
Westen	Metall	Jüngste Tochter
Nordosten	Erde	Jüngster Sohn
Süden	Feuer	Mittlere Tochter

Haus – Erdgeschoss

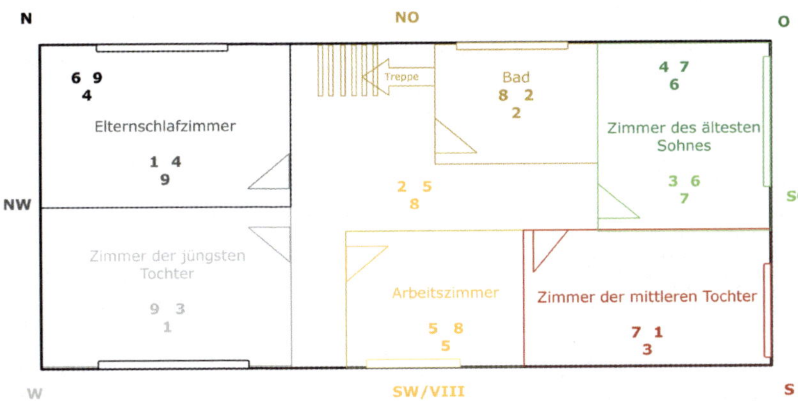

Haus – Obergeschoss

Auf einem freien Platz – beispielsweise vor dem Haus – kann das Qi der Umgebung optimal zirkulieren, bevor es sich bündelt und in das Haus hineinströmt. Ein Wasserspiel, bestehend aus – wie auf der Abbildung ersichtlich – drei Granitkugeln in einem Beet, das mit Kieselsteinen ausgelegt ist, wirkt nicht nur dekorativ; es steht ebenso in einer beispielhaft formierenden Harmonie mit der runden Form des Teiches.

Kieselsteine werden meist in Flüssen und Bächen gewonnen, deswegen gehören sie zum Element Wasser; sie können die Wasserqualität zusätzlich aktivieren. Runde Formen und graue Farbtöne sind Metall-Erscheinungen, die sich im Fütterungszyklus zum Element Wasser harmonisierend verhalten (s. Seite 28).

Ein Teich – oder sogar ein Schwimmbecken im Vorgarten – ist aus Feng Shui-Sicht für diese Immobilie eine wunderbare Einrichtung. Die Wasserenergie ist nämlich vitalisierend, unterstützt aber mehr noch die Eigenmotivation und den finanziellen Erfolg, somit werden die Bewohner von einem starken Selbstvertrauen und Siegeswillen beseelt. Eine günstige Form ist der Kreis oder auch die Nierenform, denn runde Formen gehören zum Element Metall und haben in dem Fütterungszyklus (s. Seite 28) eine harmonische

Einstellung zu dem Element Wasser. Die Nierenform wird nicht nur äußerlich, sondern auch innerlich mit dem Nierenorgan assoziiert, das bekanntlich den Wasserausgleich im menschlichen Körper regelt.

Wasser (in Form von einem Teich, Schwimmbecken, Wasserspiel) sollte bei diesem Objekt aber vor, nicht hinter dem Haus platziert werden: Eine Wasserstelle am falschen Platz aktiviert nämlich auf ungünstige Weise die „Fliegenden Sterne", unter deren negativer Einwirkung die Bewohner dann zu leiden hätten. In diesem Fall könnten disharmonische Einflüsse das Familienleben belasten. Die Rückseite des Hauses sollte dagegen mit einem großen Baum (Eiche, Zypresse, Kiefer usw.) „belebt" werden, der Schutz bietet und ein einträchtiges, friedliches Miteinander fördert (s. Seite 86).

Dem Eingang, d. h. dem Qi-Mund des Hauses, sollte stets besondere Beachtung geschenkt werden, d. h., der Bereich sollte so einladend eingerichtet werden, dass er zum entspannten Eintreten und Verweilen animiert. Die Wände können weiß gestrichen werden, ein Spiegel mit abgerundeten Kanten und einem blauen Rahmen kann mit dem an der Wand montierten, ebenfalls in Blau gehaltenen Kleiderständer und einer gleichfarbigen, langen Wandkommode kombiniert werden; alternativ kann der Flur aber auch in einer grünen Farbabwicklung gestaltet sein. Die kleinteilige Möblierung lässt den Eingang breit und hell wirken, durch eine Wand – oder auch ein Wandpaneel – wird der Flur von der Mitte der Wohnung getrennt. Hier kann sich das Qi sammeln und in die einzelnen Räume ungehindert hineinfließen. Ein Flur, der sich in der Mitte der Wohnung befindet, sollte möglichst frei von Gegenständen bzw. Möbeln gehalten werden, damit das Qi sich wohltuend zirkulierend entfalten kann. Ein großformatiges Energiebild in Hellblautönen auf einer weißen Wand strahlt zudem Eleganz und Tiefe aus.

Das Qi in der Küche bringt die Bewohner dazu, kluge Entscheidungen zu treffen. Außerdem kann sie die Begeisterung für Reisen und alles, was mit solcherart Erfahrungen und Erlebnissen zu tun hat, in besonderem Maße aktivieren, z. B. bei Auto-, Bahn-, oder Flugreisen. Alle Rottöne gehören zum Element Feuer; infolgedessen bewirken sie gute Impulse bei einer Person mit einem schwachen Feuer-Anteil in dem BaZi. Da Holz in dem Fütterungszyklus (s. Seite 28) in einem ausgeglichenen Verhältnis zum Feuer steht, kann dies in der Küche mit dem Rot der Ober- und Unterschränke in idealer Weise kombiniert werden. Die modernen Griffe aus Metall unterstreichen die stilvolle Zierde dieser eigentlich formal schlicht eingerichteten Küche.

Im Esszimmer unterhalten sich die Familienmitglieder sicher gerne am Esstisch über ihre Erfolge am Arbeitsplatz, in der Schule oder in anderen Wirkungsbereichen. Dank der schlichten Formgebung des Tisches und der Stühle bewirkt das Hellgrün ein frisches und unverfälschtes Kolorit. Dies wird auch von der glänzenden Oberfläche des Bodens und des geometrischen Schrankes an der Nordostwand vermittelt, verstärkt noch durch den grünlichen Farbton der Wand und des Teppichs. Bilder mit Grünmotiven lassen zusätzlich die Holz-Energie lebendig werden.

Im Wohnzimmer wird eine Energie aktiviert, die sich besonders positiv auf die Erkenntnis- und Erlebniswelt und das Lernen der Kinder auswirkt, die höchstwahrscheinlich im akademischen Bereich ihre beruflichen Interessen entwickeln und verwirklichen werden und sich darüber hinaus gerne mit Büchern beschäftigen, Musik hören und bevorzugt kreativ betätigen. Sie tendieren dazu, selbst zu agieren, die Dinge selbst in die Hand zu nehmen, statt nur abzuwarten und erst zu reagieren, wenn sie dazu aufgefordert werden. Sie haben sicherlich die Fähigkeit, ihre geschäftlichen Dinge mit starken Expansionsbemühungen und Innovationsbestrebungen voranzutreiben.

Tapeten in der Farbpalette der Grautöne, große, runde Lampenschirme, weiße Sofas stehen in einer guten Beziehung zum Element Metall und einer positiven Resonanz mit dem Metall des Westens und Nordwestens. Farbakzente können zum Beispiel mit roten Dekorationselementen gesetzt werden. Alternativ kann man mit dem zarten Rosa von Orchideen und dem kräftigen Grün von Bananenpflanzen und/oder Zimmerbambus dekorieren. Farben, die von Pflanzen eingebracht werden, heben sich von dem eher steril wirkenden Grau und Weiß gut ab, sorgen für einen abwechslungsreichen, gleichwohl natürlichen Eindruck und bringen die Akzente und die Energie des Holzes in den Raum.

Die Treppe zum Obergeschoss befindet sich – ganz im Sinne der Feng Shui-Ausrichtung – nicht im Eingangsbereich, sondern an der Rückseite des Hauses. So kann die Energie, die durch den Haupteingang hereinströmt, zuerst das Erdgeschoss versorgen, bevor sie sich im Obergeschoss ausbreitet. Bilder im Hochformat lassen die Energie in die erste Etage aufsteigen, ziehen aber auch als dekorative Anziehungspunkte die Aufmerksamkeit auf sich.

Im Arbeitszimmer wirkt sich die positive Energie vor allem auf die verdienstvollen Einsätze im Berufsleben aus; denn der bzw. die Benutzer, aber auch alle Bewohner des Hauses, fühlen sich von den materiellen Dingen des Lebens in besonderem Maße angezogen, sodass demzufolge eine ausgeprägte Fähigkeit dahin gehend entwickelt wird, möglichst viel Geld zu verdienen, um sich diese Ansprüche erfüllen zu können. Der Erfolg wird bestimmt gesichert sein, wenn sie in Berufen tätig sind, die ihren Fähigkeiten ganz und gar entsprechen; in denen sie sich voll einbringen können. Ein schwarzer Tisch mit abgerundeter Platte ist ideal für diesen Raum. Weiße Wände und ein grauer Marmorboden stärken das Yang und stehen in einer ausgewogenen Balance zu dem Yin-Prinzip des Tisches (runde Form). Das Yang kann sich, dank der glatten Oberfläche des Bodens – auch bedingt durch die breiten Fenster, die das Tageslicht hereinlassen – entwickeln, was wiederum der aktiven Arbeitsatmosphäre zugute kommt. Ein schwarzer Stuhl ist insbesondere für eine Person geeignet, die ihre Wasser-Energie stärken will, da mit der Farbe des Stuhles das Element eingebracht wird, das in dem BaZi fehlt.

Fehlendes Element in dem BaZi	Farbe des Stuhles
Holz	Grün und Hellblau
Feuer	Rottöne
Erde	Gelb- und Brauntöne
Metall	Weiß, Grau und Silber
Wasser	Schwarz und Nachtblau

Soll zum Beispiel bei der mittleren Tochter der Hausbewohner ein fehlendes Feuer in dem BaZi kompensiert werden, ist das Kinderzimmer im Süden am besten angelegt. Zum Farbkonzept eignen sich rosa gestrichene Wände, die das Element Feuer stärken. Das Bett sollte Bettwäsche und eine Tagesdecke in der Farbpalette der pastelligen Rosatöne erhalten, denn die in Rosa gehaltene Farbskala lässt sich besonders gut mit weißen Elementen kombinieren und sorgt für ein warmes Stimmungsbild. Mit blumigen Tapeten und Vorhängen im Kinderzimmer kann außerdem die individuelle Einstellung und auch die progressive Fantasiebegabung des Mädchens veranschaulicht werden, das sicher gerne Theater spielt und mit ihrer ausdrucksfähigen Begabung zu überzeugen weiß. Es ist also durchaus möglich, dass es später mal als Schauspielerin Erfolg haben wird. Selbstachtung wird ihr wichtig sein; sie wird mit ihrem selbstbewussten Auftreten in der Gesellschaft ihren Platz finden, ihren Status behaupten und ihren Stellenwert festigen.

Der älteste Sohn der Familie wird in einem im Osten gelegenen Zimmer am besten schlafen können, besonders dann, wenn seine Holz-Energie gestärkt werden soll. Als kreativer Mensch wird er möglicherweise besonders gute Ergebnisse im künstlerischen und/oder literarischen Bereich erzielen und mit Ästhetikempfinden, Engagement und Durchsetzungsvermögen ebenfalls Berühmtheit erlangen und sich in der Gesellschaft eine hochrangige Position erobern. Zu ihm passt ein Bett aus schwarzem Naturbambus, das an der östlichen Seite des Raumes stehen sollte, dazu Bambusmöbel, Wände in Moosgrün und einen Holzboden. Der grüne Farbanteil, dem Element Holz zugeordnet, harmoniert mit dem Osten und wird den Jungen ermuntern, sich mit hoch gesteckten Ambitionen auf eine viel versprechende Zukunft zu konzentrieren.

Das Elternschlafzimmer, im Norden eingerichtet, sollte am besten ein dunkles Tapetenmuster erhalten oder in Taubengrau gestrichen werden. Das große Doppelbett, von einem weißen Bettrahmen umgeben, wirkt mit einem gepolsterten Kopfteil leicht und elegant. Ein weißer Teppichboden und zwei abgerundete Nachttische potenzieren das Element Metall und lassen ein edles Ambiente entstehen; Kissen und eine Tagesdecke in Schwarz sind als freundliche, gleichwohl stil- und wirkungsvolle Dekorationsmittel bestens geeignet, denn die Yin-Farbe Schwarz stellt ein Gleichgewicht zur Yang-Farbe Weiß her. Yin und Yang sollten grundsätzlich für ein ausgewogenes Verhältnis in Wohnräumen sorgen, in einem Schlafzimmer, als Ort der Ruhe, ist allerdings mehr die passive, unaufdringliche Yin-Qualität angebracht, da man in einer kuscheligen Yin-Umgebung besser entspannen und relaxen kann. Große Kissen, üppige Dekostoffe und Teppiche, abgerundete Formen bei den Gegenständen und Möbeln lassen die Yin-Energie in schwereloser und selbstverständlicher Weise entstehen. Eine gedämpfte Beleuchtung erzeugt zusätzlich den Yin-Effekt; ein Kleiderschrank mit satinierten Glastüren (Wasser) lässt den Raum beschwingt und leicht wirken.

Da die Eltern großen Wert auf ihren Status und ihre Reputation legen, werden ihre in dem Haus lebenden Kinder unter dem Einfluss dieser Energie mit Intelligenz und Feinfühligkeit erzogen, aber ebenso mit Autorität und distinguierten Disziplinarmaßnahmen.

Die jüngste Tochter wird sich bestimmt gerne schminken, sehr auf ihr Äußerliches bedacht sein und sich mit sportlichen Aktivitäten und regelmäßigen Fitnessübungen in Form halten; sie wird mit Ehrgeiz und Entschlossenheit ihre Fähigkeiten stets ziel- und zweckbewusst einbringen und sich selbstbewusst im Mittelpunkt ihrer Projektionsfläche bewegen. Mithilfe dieser Energie wird sie sich selbstsicher und unverzagt auf ihre Umwelt einlassen und sich ihrer Wirkungskraft stets sicher sein können. Die westlich orientierte Metall-Energie kann mit einer in Wolkenweiß gestrichenen Decke zusätzlich gestärkt werden. Das Bett, der Kleiderschrank und der Nachttisch, in Cremeweiß gestrichen, können mit hellblauen und rosafarbenen Dekorationselementen „aufgepeppt" werden; das helle Bambusparkett sorgt für eine gepflegte, gleichwohl warme Atmosphäre.

Die Gästetoilette im Erdgeschoss und das Familienbad im Obergeschoss sollten weiß gestrichen und gefliest werden. Wandschränke, Regale, Rollcontainer und das Waschbecken, in Holz eingefasst, bewirken in dem Raum eine Gemütlichkeit, aber auch eine gediegene Eleganz. Aufgrund des Materialwechsels von Fliesen auf Holz gewinnt der Raum an Lebendigkeit und Vitalität; die Badewanne befindet sich gleichfalls in einer Holzverkleidung; die glatte Yang-Oberfläche ist pflegeleicht und praktisch eingebracht. Außerdem gleicht Holz den Feuchtigkeitshaushalt aus, d. h., die überschüssige Luftfeuchtigkeit wird aufgenommen und somit können die Yin- (Feuchtigkeit) und die Yang-Elemente (glatte Oberflächen) sich harmonisierend entfalten.

Gewerbliche Objekte und Gesundheitseinrichtungen

Alles was zu Geschäfts-, Gewerbe- oder Industriebereichen gehörte, wurde in der Vergangenheit meist nur einem Element zugesprochen. Die Zeit, als man eine Fischerei einfach dem Wasser oder eine Goldschmiede dem Metall zugeordnet hat, ist jedoch vorbei. Denn heutzutage ist in den meisten Betrieben eine Mischung aus unterschiedlichen Energie-Elementen enthalten: Das Hauptthema eines Friseurs sind Haare (Wasser), deswegen gehört dieses Geschäft eigentlich zum Element Wasser. Hier werden aber auch Tätigkeiten ausgeführt, die zu anderen Elementen gehören: Haare werden gefärbt (Feuer), gelegt (Holz) und geschnitten (Metall). Feuer hat mit Schönheit zu tun, deshalb ist ein Beautysalon hauptsächlich ein „Feuergeschäft", in dem aber auch beispielsweise Anti-Aging- und Aknebehandlungen (Metall), Muskelmassagen (Erde) durchgeführt werden.

In der Automobilindustrie wird hauptsächlich Metall verarbeitet, demzufolge gehört die Fahrzeug-Herstellung im Grunde zum „Metallgeschäft". Die Karosserie wird jedoch mit farbigem Autolack versehen: Chemische Prozesse wie das Färben werden dem Element Feuer zugeordnet; die Logistikabteilung kümmert sich um den Transport zu den Händlern: Dies wird als „Wassertätigkeit" eingestuft.

Die zu den Elementen gehörenden Berufe	
Holz	Agrarwirtschaft, Gemüse-, Blumen- und Obsthändler, Holzmöbelindustrie, Holzwirtschaft, Holzschnitzereien, Entwicklungszentrum, Modedesigner, Forstwirtschaft.
Feuer	Bäckerei, Heizungs- und Brennöfenindustrie, Schweißerei, Luftfrachtindustrie, Fluggesellschaft, Kosmetikindustrie, Lederindustrie, Schönheitssalon, Chemie- und Elektroindustrie, Stromanbieter, Lampengeschäft, Kunststoffindustrie, Pelzindustrie, Feuerwehr.
Erde	Keramik- und Porzellanindustrie, Immobilien- und Grundstücksmakler, Baugewerbe, Architekt, Steinmetz, Zement- und Ziegelindustrie, Fliesenleger, Krankenkasse, Versicherungsgesellschaft, Käseherstellung, Antiquitätenhändler.
Metall	Münzhändler, Juwelier, Goldschmied, Metallindustrie, Anwaltsdienst, Polizei, Militärdienst, Rüstungsindustrie, Bankwesen, Maschinenbauindustrie, Börsenhandel, Finanzdienstleister, Automobilindustrie, Unterhaltungsindustrie, Schulen.
Wasser	Musikladen, Bücherei, Wäscherei, Fischerei, Kurierdienst, Reederei, Reinigungsfirma, Werbeagentur, Logistik, Speditionshandel, Eisenbahnbranche, Schiffs- und Werftindustrie, Wellness-Zentrum, Reisegesellschaft, Hotellerie, Getränkeindustrie, Glasindustrie, Friseurladen.

Himmelsrichtung	Veränderung	Symbol
Osten	Ortsveränderung, lineare Bewegung	Donner
Südosten	Formveränderung	Wind
Süden	Substanzveränderung	Feuer
Südwesten	Natürliche/biologische Veränderung	Erde
Westen	Psychologische Veränderung (Lernen)	See
Nordwesten	Schöpferische Veränderung (Inspiration)	Himmel
Norden	Rotierende Bewegung	Wasser
Nordosten	Keine Bewegung (Hindernisse)	Berg

Bei der Bauplanung von gewerblichen Objekten gelten deshalb für die Verteilung der unterschiedlichen Abteilungen oder Tätigkeitsbereiche die jeweiligen Qualitäten (entsprechend der Veränderung und Symbolik) der Himmelsrichtungen. Die Einrichtung der Arbeits-, Büro- und Gewerberäume hat ebenfalls einen engen Bezug zu dieser Qualität.

Alles das, was aus Holz gewonnen wird, gehört zum Element Holz: Zum Beispiel sollte das Spielwarenangebot aus diesem Material in einem Kaufhaus im Osten platziert werden. Der Donner (das Symbol des Ostens), der sich „blitzartig“ am Himmel entwickelt und schlagartig seine Position verändert, steht für Ortsveränderung: Die Poststelle, der Hintereingang, der Wareneingangs- und Warenausgangsbereich, auch das Reisebüro, die Reisebuchabteilung… – alle diese Wirkungsbereiche entsprechen der Symbolik des Ostens.

In der Natur, z. B. einer Wüstenlandschaft, verändert der Wind (das Symbol des Südostens) die Form der Sanddünen; in der Kultur modelliert der Bildhauer den Stein und verändert ihn. Aktivitäten im künstlerischen Bereich oder in der Industrie – bei denen die Grundstoffe einer Formveränderung unterzogen werden – sollten somit im Südosten stattfinden: Glas wird zu Flaschen umgeformt, Holz zu Stühlen und Schränken verarbeitet usw. Der Südosten und der Osten gehören zum Element Holz, deswegen ist es in einem Kaufhaus am günstigsten, alle Dinge, die zu diesem Element gehören, im Osten oder Südosten aufzustellen: Holzgegenstände, Pflanzen, Blumen usw. – dieses Sortiment sollte demnach in einem Kaufhaus im Südosten verkauft werden.

Alle tierischen Produkte werden dem Element Feuer zugesprochen: Pelz- und Lederwaren sollten sich deshalb im südlich gelegenen Gebäudeteil des Geschäftes befinden. Gegenstände, die einen direkten Bezug zum Feuer haben – wie Kamine und Öfen – gehören ebenfalls dazu, denn mit Feuer (Symbol des Südens) erfolgt die Substanzveränderung der Materialien in den Öfen bzw. Wärmebehandlungsanlagen, demnach sollten solche Prozesse am besten in südlicher Richtung ausgeführt werden.
Zum Beispiel wird in der Backstube im Ofen der Teig für das Brot gebacken; in der Keramikindustrie werden durch den Brennprozess von Tonmineralien formbeständige Erzeugnisse gefertigt wie: Keramik, Porzellan, Fliesen usw.; auch Kaminofenhersteller und Saunen gehören zum Element Feuer.

Biologische Prozesse – wie das Keimen von Samen, Samenpflanzen und Setzlingen, die zu Pflanzen, Bäumen, Blumen heranwachsen, aber auch Getreide, das für die Lebensmittelproduktion genutzt wird, sind den natürlichen Veränderungen (Symbol des Südwestens) des Südwestens zugeordnet. Im Südwesten wird beispielsweise auch die Käseherstellung am besten gedeihen; im Reifungskeller wird z. B. der Weichkäse, bei dem sich schnell Schimmel bildet, eine optimale Käsereifung erbringen. Die Schimmelbildung auf Gemüse, Obst, Salami, Joghurt usw. ist allerdings auch ein biologischer Prozess, der im Südwesten beschleunigt wird. Deswegen sollten diese leicht verderblichen Produkte in einem Kaufhaus nicht im Südwesten gelagert werden. Dieser Richtung werden andererseits aber auch alle Aktivitäten zugeordnet, die mit Fürsorglichkeit zu tun haben, z. B. Krankenkassen, Wohlfahrtseinrichtungen, Stiftungen etc.

Wasser übt ebenfalls eine große Anziehungskraft auf die meisten Menschen aus: Der Anblick eines idyllisch gelegenen Sees erweckt zum Beispiel Glücksgefühle, sodass die meisten für einen Moment ihre Probleme vergessen; eine depressive Stimmung kann sich sogar in Freude verwandeln. Musik, Kunst, Tanzen, Literatur, Lernen… – alles das bewirkt, wie der See (Symbol des Westens), meist Freude und beeinflusst somit den Gemütszustand in positiver Weise. Der Unterhaltungsbereich mit all den emotionalen Strömungen und Veränderungspotentialen sollte in einem Kaufhaus im Westen seinen Standort finden. In westlicher Richtung (der Metall-Himmelsrichtung) sollte deshalb alles gelagert werden, was mit Metall zu tun hat: beispielsweise die Schmuckabteilung, die Münzenproduktion usw.

Der Himmel ist das Symbol, das zum Nordwesten gehört, aus dem die Unendlichkeit des Transzendenten stammt und die menschliche Intuition anregt: Manager oder Geschäftsführer, die Konzepte und kreative Projekte verwirklichen, können sich diesbezüglich im Nordwesten am besten entfalten. Die schöpferische Veränderung, die von dieser Himmelsrichtung bewirkt wird, erbringt Ideenkraft und kreative Prozesse. Der Nordwesten, die Yang-Himmelsrichtung schlechthin, steht auch für Autorität und Führungskraft, unterstützt demnach die leitende Funktion aller Führungskräfte und ist dem Element Metall zugeordnet. Besonders ist diese Energie natürlich geeignet für alle Tätigkeiten, die mit dem Material Metall zu tun haben, also: Metallurgie, Schrotthändler usw.

Die Veränderungsart des Nordens entspricht dem Bewegungsablauf der Wasserschöpfräder, die rotierend ins Wasser (Symbol des Nordens) eintauchen und die Gefäße füllen. Alle Geräte, die in Werkstätten, Firmen und Büros mit einer Drehbewegung aktiviert werden – wie sie in rotierenden elektrischen Maschinen, Getrieben, Walzen, Spindeln und Teilen von Maschinen und Anlagen vorkommen –, können im Norden (rotierende Bewegung) platziert werden, das betrifft die Fließbandproduktion, Düsentriebwerke, Geräte mit Walzen, ein Faxgerät usw. Das gilt gleichfalls für alle Tätigkeiten, die regelmäßig wiederholt werden: z. B. bei der täglichen Ablage. Die Gedanken eines Entwicklungsleiters, der seine Arbeit im Norden ausführt, würden sich im Kreis drehen; der Norden ist für ihn also nicht geeignet. Darüber hinaus passen zum Norden alle Aktivitäten, die einen „echten" Bezug zum Wasser haben, z. B. eine Autowaschanlage in einer Tankstelle.

Das Symbol des Berges steht für eine stabile, starke und unbewegliche Energie. Der Nordosten ist die einzige Himmelsrichtung, die nicht mit Veränderungen, sondern mit Hindernissen in Verbindung gebracht wird. Dazu passen solcherart Tätigkeiten, die nicht mit der Entwicklung, dem Wachstum und einem Prosperierungsprozess – also Veränderungsbestrebungen – zu tun haben; das ist z. B. in einem Theater der Garderobenbereich oder die Tätigkeit einer Toilettenfrau etc. Diese Energie kann sich im Verkauf oder im Vertrieb sogar eher hemmend auswirken, in einer Werbeabteilung können die kreative Entfaltung und neue Ideen verhindert werden. Leicht verderbliche Ware, die in nordöstlicher Richtung angeboten wird, kann demgegenüber jedoch länger gelagert werden, weil der biologische Prozess der Verwesung hier nicht so schnell eintritt. Auch der Tresor bei einer Bank ist hier am besten aufgehoben, denn etwaige Räuber würden es schwerer haben, ihn zu knacken. Ein Lagerraum, in dem wertvolle Materialien untergebracht werden, könnte sich ebenfalls als sicherer Aufbewahrungsort erweisen.

Kaufhaus

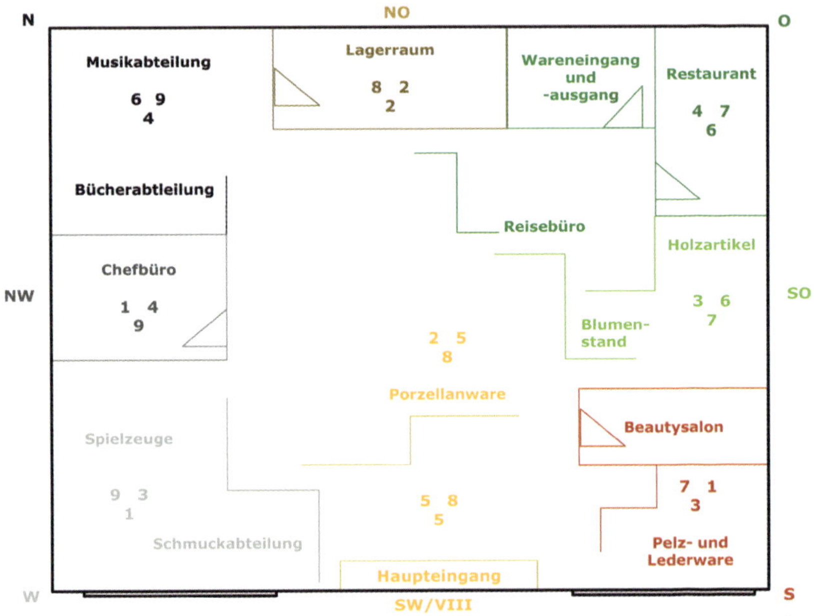

Der Eingang des Kaufhauses ist nach Südwesten/Ast VIII, ausgerichtet, was eine günstige Berechnung in Bezug auf die „Fliegenden Sterne" ergibt. Ein großzügiger freier Platz (s. Seite 84) vor dem Gebäude, auf dem sich die Energie sammeln kann, sollte als wichtige Grundregel beachtet werden: Perspektivische Zukunftspläne und Visionen könnten sich somit nach vorne öffnen. Auf dem Vorplatz kann das Qi frei schwingen

und sich mit lebenspraller und positiver Wasser-Energie anreichern, bevor es durch den Eingang in das Innere des Kaufhauses hineinströmt: Das plätschernde Wasser an der runden Fontäne dynamisiert den Qi-Fluss und unterstützt den finanziellen Erfolg des Unternehmens. Wasser symbolisiert für die Chinesen stets materiellen Reichtum, denn wo das fehlt, herrscht Dürre und Armut[7)].

Die repräsentative Schmuckabteilung, im Westen gelegen, profitiert optimal von der Energie dieser Himmelsrichtung, denn alles, was aus dem Material Metall gewonnen wird, steht in harmonischer Verbindung mit dem Westen. Um die Metall-Energie des Westens zu kräftigen, können zusätzlich die warmen Farben der Braunpalette eingebracht werden, da Braun zum Element Erde gehört und damit das Metall des Westens und auch das Metall des Produktes positiv unterstützt (s. Fütterungszyklus Seite 28) und somit als verkaufssteigernde Maßnahme genutzt werden kann. Wenn das Metall-Element – wie hier in der Abbildung – auch in dem runden Tisch und in den runden Lampen eingesetzt wird, lässt sich die Ästhetik des extravaganten Designer-Schmucks besonders gut präsentieren... – und verkaufen.

Dem Westen wird außerdem eine spielerische Qualität zugeordnet, die dem Verkauf von Spielzeug in jeglicher Weise zuträglich ist: In dieser Abteilung sind neben den herkömmlichen auch moderne und futuristische Spielsachen sehr gefragt.

Fehlendes Element im BaZi des Chefs	Farben für das Büro
Holz	Kobaltgrün, Grasgrün, Lindgrün, Türkis, Laubgrün, Malachitgrün, Mintgrün, Smaragdgrün, Himmelblau, Graublau
Feuer	Lachsrot, Hellrot, Kirschrot, Rosa, Fuchsia, Cyclam, Perlrosa, Zartrosa
Erde	Korngelb, Maisgelb, Curry, Chromgelb, Primelgelb, Teegelb, Beige, Ocker, Senf, Terracotta
Metall	Weiß, Marmorweiß, Wachsweiß, Aschgrau, Sandgrau, Silber, Zartgrau, Kieselgrau
Wasser	Schwarz, Meerblau, Nachtblau, Pflaumenblau, Ozeanblau

Der Nordwesten repräsentiert sozusagen die „Vaterfigur“, die allgemeinhin als Familienoberhaupt bzw. Führungskraft und damit als Verantwortungsträger angesehen wird. Ein Chefbüro in dieser Richtung wirkt sich demnach förderlich auf das Führen eines Betriebes sowie auf das Delegieren von Mitarbeitern und Organisieren von Arbeitsabläufen aus. Die Farbauswahl hängt von dem BaZi des Chefs ab; wenn der z. B. kein – oder nur wenig – Holz in der BaZi-Berechnung hat, sollte der Raum am besten in Erbsengrün gestrichen werden. Falls der Wasser-Anteil in dem BaZi fehlt, sollte keine nachtblaue oder schwarze Farbe für die Wandgestaltung genommen werden. Stattdessen könnte mit einem schwarzen Sessel und/oder mit schwarzen Möbeln der Einrichtungsstil bestimmt werden. Die Energie dieses Raumes hat als dann eine positive Auswirkung auf seine Beziehung zu den Mitarbeitern und ebenso zu den Kunden. Der Chef der Firma wird bestrebt sein, mit innovativen Ideen das Marketing und den Verkauf zu unterstützen. Eine optimale Wechselwirkung von Mensch und Raum ist besonders dann gegeben, wenn er die Gua-Zahlen 6 oder 7 hat.

Die nördliche Energie ist sehr ruhig veranlagt, das kann allerdings zu einem eher trägen Geschäftsverlauf führen, sodass sich dies auch schleppend auf das gesamte Verkaufsgeschehen auswirken kann.

Weiße Wände mit ondulierten Tapeten – oder mit bedruckten Musiknoten –, eine Wasserwand oder ein Zimmerbrunnen, Bilder mit Wassermotiven können in anregender Form auf die Aktivität und den Arbeitseifer aller Beteiligten wirken, sodass nicht nur die Energie des Nordens, sondern dementsprechend auch das Geschäftsleben mobilisiert und motiviert wird. Der sanft rieselnde Wasserfluss an der Wand präsentiert dies in sichtbarer Weise; das Geräusch des fließenden Wassers wirkt angenehm regenerierend – als äußeres Stilmittel, aber auch als inneres Stimulierungsmittel. Außerdem lässt sich ein solches Wasserobjekt auch als effektiver Luftreiniger nutzen.

Insbesondere auf das Musikgeschäft wird dies eine florierende Wirkung haben; die CDs und DVDs werden sicher erfolgreich verkauft. Ebenso verhält es sich zum Beispiel in der Bücherabteilung, in der es für Belletristik aller Genres, aber besonders für Liebesromane, Bestseller und Bücher, in denen Schönheitsthemen behandelt werden, gute Absatzmöglichkeiten geben wird. Diese beiden Abteilungen können aber auch Gewinn bringend im Westen, der Himmelsrichtung der psychologischen Veränderung und des Lernens, eingerichtet werden.

Der Nordosten kann als Lagerraum verwendet werden, denn die Qualität des Nordostens eignet sich insbesondere dafür, um dort entweder leicht verderbliche Ware aufzubewahren, aber auch wertvolle Objekte. Weiß und Grautöne – d. h. Farben, die dem Element Metall zuzurechnen sind –, passen also am besten in diesen Lagerraum; hohe Gebäude oder ein Berg bzw. Hügel an der Rückseite des Gebäudes aktivieren im Innenbereich eine positive Energie, die außerdem den Kameradschaftsgeist der Mitarbeiter und samt und sonders den Teamgeist begünstigt. Sollten im Außenbereich diese Landschaftsformen fehlen, kann mit hohen Regalen an der Rückwand des Raumes eine ebensolche Wirkung erzielt werden (s. Seite 86).

Der Osten steht für Ortsbewegung, deswegen ist er besonders für den Warenein- und -ausgang geeignet. Gemüse wird naturgemäß dem Element Holz zugeordnet, somit der Holz-Himmelsrichtung Osten; dies erfolgt zum Beispiel exemplarisch in Form eines vegetarischen Restaurants. Um im Einklang mit der östlichen Energie zu sein, kann der Gastraum mit schwarzen Tischen und Stühlen gestaltet werden. In der beispielhaften Abbildung korrespondieren die Trennwände aus runden Bambusstöcken und der mit Holz verkleidete Boden ideal mit der Holzenergie des Ostens. Der Bambus begünstigt Wachstum, Kraft, Lebensenergie sowie Vitalität und beeinflusst das Umfeld entsprechend positiv. Außerdem steht der Bambus noch für Durchsetzungsvermögen und Frische.
In einem hellgrün gestalteten Reisebüro, das farblich dem Osten zugeteilt wird, kann das Geschäft mit kommunikativer Geschicklichkeit geführt werden. Licht ist Yang; es kann bewusst eingesetzt werden, um damit ein anregendes Raumklima zu schaffen, besonders dort, wo es am Tageslicht mangelt. Licht zieht das Qi an, und dementsprechend die Kundschaft.

In der Holzabteilung im Südosten werden auf einem naturbelassenen Tisch Schüssel, Teller und solcherart Artikel aus Holz angeboten, die im Küchen- und Wohnbereich als Dekorations- oder Gebrauchsgegenstände eingesetzt werden können. Diese intensive Holzumgebung bewirkt beim Verkaufspersonal, dass es mit Kreativität kommunizieren und mit Engagement die Produkte verkaufen kann.

Der Südosten ist dem Element Holz verpflichtet, dazu gehören Pflanzen, Blumen und alles „Grünzeug" samt und sonders. Der Blumenstand hat demzufolge hier den richtigen Platz. Die Kunden werden von einem freundlichen Hellgrün beeinflusst; besonders gerne werden sich Mädchen hier aufhalten und inspirieren lassen, um den Eltern oder für die ganze Familie zu Hause einen Blumenstrauß zu kaufen.

Feuer steht für tierische Produkte und ist dem Süden, der Feuer-Himmelsrichtung, zugewandt. Folglich sollte in dem hier als Beispiel angeführten Kaufhaus die Pelz- und Lederabteilung im südlichen Gebäudetrakt eingerichtet werden. Der Verkaufsraum, in Zartrosa und Lindgrün gestrichen, könnte für die modern, elegant oder sportlich geschnittene Pelz- und Lederbekleidung die passende Umgebung darstellen, auch für extravagante Designerstücke wäre dies der passende Rahmen. Das Verkaufspersonal wird hier kompetent und maßgebend die Beratungsgespräche führen und die Ware präsentieren und verkaufen können.

Der farbenfroh gestaltete Schönheitssalon bewirkt eine bunte Lebendigkeit, wenn er in der Farbpalette der Feuerfarben eingerichtet ist. Die Wände leuchten hier in einem grellen, satten Pinkton, das gelbe Muster der Tapete und die perlmuttfarbenen Kreise an der Wand bringen eine interessante Kontrastmischung in den Raum; Frische Blumen lassen dazu eine lebendige Stimmung entstehen, die an die Natur erinnert und die Wellnesswünsche beflügelt. Die Feuer-Energie des Südens harmoniert geradezu perfekt mit der hier ausgeübten Tätigkeit. Bei der Behandlung wirkt diese Farbigkeit animierend – und bestimmt auch Gewinn steigernd.

Feines Porzellan, aber auch einfache Gegenstände aus Keramik sind dem Element Erde zugetan, deshalb eignet sich der mittlere Bereich (Mitte = Erde) des Kaufhauses für die Angebotspalette von Geschirr und allem, was das Essen und Trinken zu einem alltäglich angenehmen oder gelegentlich besonderen oder gar auserwählten bzw. festlichen Erlebnis macht. Die Wände in Quittengelb (Yang), der Boden in Terrakotta gestaltet (Yin) geben diesem Bereich eine einladende, warme Note. In der Erd-Farbabwicklung sind alle Braun- und Gelbtöne enthalten, also: Terrakotta, Maronenbraun, Tabakbraun etc., die mit Geborgenheit und Sicherheit in Verbindung gebracht werden und sich in zurückhaltender Yin-Betontheit verhalten. Honiggelb, Strohgelb, Goldgelb usw. vermitteln ebenfalls freudige Empfindungen und warme Gefühle, auch wenn sie bunt und dominant wirken und deshalb dem Yang-Prinzip zugeordnet werden.

Friseursalon

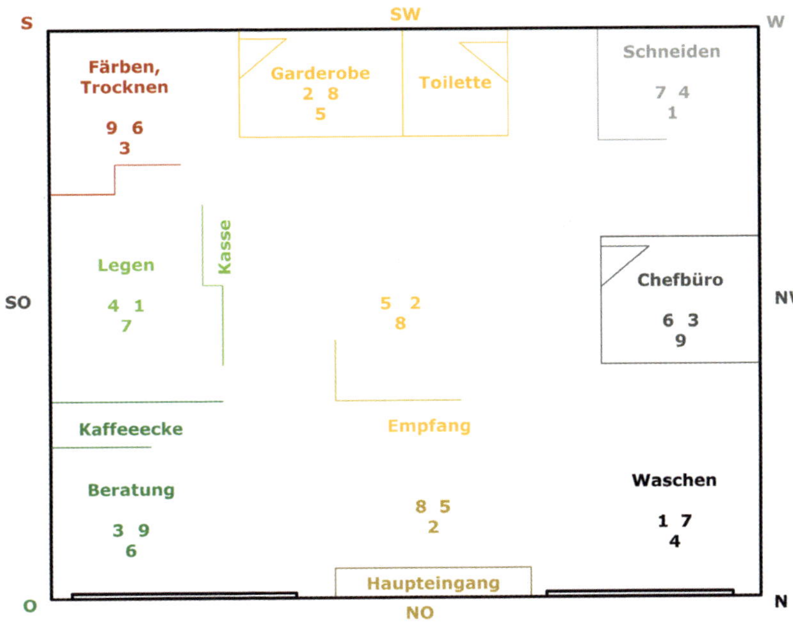

Der Friseursalon sollte möglichst im Nordteil des Gebäudes eingerichtet werden, also in einer für Friseure besonders geeigneten Himmelsrichtung, denn Haare gehören zum Element Wasser.

Auch hier geht es um ästhetische Empfindungen; demzufolge bringt der weiß eingerichtete Eingangsbereich mit der silbernen Hintergrundwand die Metallenergie – durch das Weiß besonders betont – mit der Qualität des Nordostens auf einen harmonischen Nenner. Dank der hier herrschenden Erdqualität des Nordostens wird das Personal engagiert und gerne arbeiten. Die Kundschaft, die im östlichen Teil des Ladens beraten wird, reagiert bereitwillig auf die aktuelle Frisurenmode bzw. auf klassische, kreative und typgerechte Frisurenvorschläge; nicht nur junge Kunden werden die individuelle Beratung interessiert annehmen. Um die östliche Energie noch zu steigern, die den Expansionsdrang antreibt bzw. erleichtert, sollte die Kaffeeecke mit Pflanzen gemütlich eingerichtet werden. Eine indirekte Beleuchtung und Wände in pastelligen

Farben wirken entspannend, dies regt gewiss zu einer – von der Energie im Osten inspirierten – angenehmen Unterhaltung an. In einem großen Schaufenster können Abbildungen der neuesten Trendfrisuren hängen und das aktuelle Produktsortiment präsentiert werden, um damit neue Kunden in den Salon zu locken.

Das Haarewaschen, im Grunde eine Routinetätigkeit, kann im Norden, der Himmelsrichtung des Wassers und der rotierenden Veränderung, ausgeführt werden. Runde Rückwaschbeckenschalen aus schwarzem Granit (Wasser) lassen sich gut mit der Funktion des „Waschens" vereinbaren.

Die Haarschneideschere gehört, wie alles Metallwerkzeug, zum Element Metall, deshalb ist die Energie des Westens für das Haareschneiden ideal; mit verspielter Leichtigkeit wird der Figaro einen kreativen Schnitt vermitteln können. Die Schneidegeräte können aufgrund der westlichen Einwirkung auch länger eingesetzt werden.

Im Süden erfolgt das Trocknen oder der Färbevorgang, weil der Süden mit Wärme und Substanzveränderung zu tun hat. Mut ist nur eine der herausragenden Feuereigenschaften, deshalb können hier auch ungewöhnliche Haarfarben verwirklicht werden. Die Frisierstühle sind

– wie hier abgebildet – in Grau und Dunkelrot. Die sauberen, schlichten und zeitlosen Formen der runden Trockenhauben werden als beruhigende Elemente (Yin) wahrgenommen; die hellen Stühle, die beleuchtete Decke, das Rot der Wände und der helle Boden bringen dagegen Bewegung (Yang) in den Raum.

Die Kasse sollte im Südosten platziert werden, da die Energie dieser Himmelsrichtung das Geldverdienen unterstützt. Das Haarelegen sollte ebenfalls im Südosten stattfinden, weil diese als Himmelsrichtung der Formveränderung gilt. Die Kunden werden sich hier sicher gerne über Urlaubsreisen, Fitness- und Wellnesscenter, Heilbäder etc. unterhalten.

Die Energie des Nordwestens entspricht dem Thema „Führen", das bedeutet, dass diese Richtung es dem Chef bzw. der Chefin erleichtert, die Mitarbeiter zu motivieren und das Vertrauen der potentiellen Kunden zu gewinnen. Wenn er oder sie in dem BaZi keinen Metall-Anteil hat, sollte der Arbeitsraum in Weiß oder in einem Silberton gestrichen werden; die starke Metall-Energie des Nordwestens wird ihn oder sie dann zusätzlich in der Führungsrolle unterstützen.

Die Garderobe und die Toilettenanlage können im Nordosten untergebracht werden, weil in dieser Richtung die Bewegungsabläufe eingeschränkt sind; das bedeutet, dass hier geschäftliche Aktivitäten, insbesondere Verkaufsförderungsmaßen eher verhindert würden.

Wellness-Zentrum

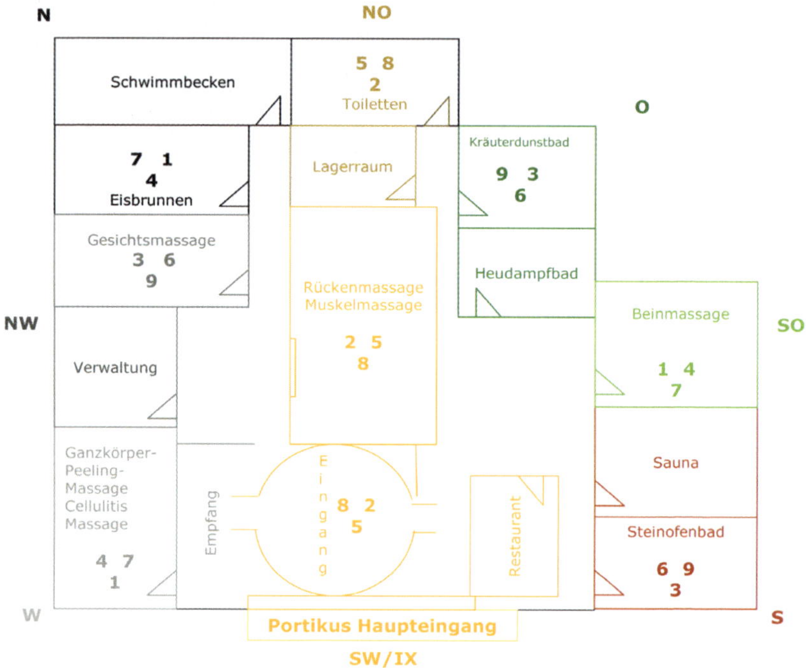

Elemente	Organe/Gewebe
Holz	Leber, Gallenblase, Augen, Finger- und Fußnägel, Sehnen
Feuer	Herz, Dünndarm, Zunge, Blutgefäße
Erde	Milz, Bauchspeicheldrüse, Magen, Mund/Lippen, Muskeln, Fleisch
Metall	Lunge, Dickdarm, Nase, Haut und Körperbehaarung
Wasser	Nieren, Blase, Ohren, Knochen und Kopfbehaarung

Die südwestliche Orientierung des Eingangs eignet sich besonders gut für ein Wellness-Zentrum, dessen Ziel ja darin besteht, für das Wohlbefinden und die Gesundheit der Gäste zu sorgen, denn der Südwesten gehört zum Element Erde und steht für den fürsorglichen und beschützenden Faktor in der Natur und im Geschäftsleben.

Weiße Wände und ein grauer Marmorboden wirken in dem rund angelegten Eingang edel und dennoch einladend: Die runde Form (Yin) verhält sich im harmonischen Einvernehmen mit der weiblichen Energie des Südwestens (Yin) und wird vom Yang-Prinzip der hellen Farben ausbalanciert.

Die Erde liefert den Pflanzen und Bäumen die zum Gedeihen erforderlichen Mineralien, deswegen wird durch Erde auch Nahrung im weitesten Sinne verkörpert. Ein Restaurant in diesem Bereich harmoniert mit dem Element Erde (der Südwesten gehört zu diesem Element) und sollte in erdigen Tönen Wärme und Wohlbehagen verbreiten. Stühle mit gelben Hussen passen sehr gut zu der gelben Farbe der Wände.

Dank der wirkungsvollen Kombination der hellbraunen leicht marmorierten Fliesen mit den gelben Vorhängen wirkt der Raum ausgesprochen gemütlich.

Metall	
Himmelsrichtungen	Westen, Nordwesten
Farben	Weiß, Silber und Grau
Gewebe	Haut
Formen	rund, oval
Lebensbereich	Finanzen
Eigenschaft	Verspieltheit
Personen	Vater, Chef, Leiter

Ein gestörtes Metallelement in dem BaZi zeigt sich an einer unreinen Haut, denn Haut ist das Gewebe, das dem Element Metall zugedacht ist. Man kann in einer Metallumgebung solche Probleme aber ganz gut regulieren, indem ein Raum für die Behandlung der Haut im Westen eingerichtet wird, z. B. kann dort die Körpermassage mit Peeling, die verstopfte Poren und Unreinheiten beseitigt, durchgeführt werden; auch die Cellulitis-Behandlung kann dort erfolgen.

Metall wird in der Feng Shui-Lehre mit Geld und generell mit Finanzen in Zusammenhang gebracht, denn Münzen sind rund und aus Metall gefertigt: Die Kasse und auch die Empfangszone ist deshalb im Westen gut platziert. Hier wird das Personal mit heiterem (Westen) Kommunikationsgeschick die Kunden erfolgreich beraten und überzeugen können.

Eine Gesichtsmassage, die im nordwestlichen Bereich des Wellness-Zentrums durchgeführt wird, verhilft besonders zur Entspannung und zum körperlichen und seelischen Wohlbefinden. Ein Anstrich in der Farbpalette des Metalls – Aschgrau, Dämmergrau, Diamantweiß, Silber – trägt dazu bei, die Verbesserung der Hautbeschaffenheit zu bewirken. Der Nordwesten ist außerdem den Leitfiguren – dem Vater, dem Chef, dem Leiter eines Unternehmens – zugeordnet und symbolisiert somit die Energie, die am stärksten yang-betont ist, die der aktiven und autoritären Persönlichkeitseigenschaften. Die Verwaltungs- und Geschäftsleitung, die hier untergebracht ist, wird besonders hohen Wert auf den materiellen Wohlstand legen und die Kontrolle darüber nicht aus der Hand geben. Nach der Sauna kann man im nördlichen Bereich des Wellness-Zentrums den erhitzten Körper mit den Eisflocken aus dem Brunnen (Wasser) kühlen und den Kreislauf wieder in Schwung bringen.

Im Norden ist auch das Schwimmbad (Wasser) am besten untergebracht. Der Bereich sollte in einer weißen und blauen Farbabwicklung gestrichen werden. Der hölzerne Boden eignet sich, der Feng Shui-Lehre entsprechend, besonders gut, da Holz, in welcher Form auch immer (Pflanzen, Material, Farbe), die Feuchtigkeit absorbiert.

Sehnen werden in der chinesischen Medizin dem Element Holz zugeordnet. Im Südosten, der Holz-Himmelsrichtung können demzufolge Beinmassagen, bei der die Sehnen entspannt werden, am wirkungsvollsten erfolgen, denn aufgrund der Durchblutungsmaßnahme werden das Blut und auch andere Nährmittel in die Beine befördert; das hilft z. B.

bei Krampfadern, Muskelverspannungen und Schwellungen. Hilfreich sind hier darüber hinaus Wandfarben in Türkis oder Smaragdgrün.

Kräuter entsprechen der Holzenergie (wie der Osten und Südosten), deswegen harmonieren Kräuter mit der Holzenergie dieser beiden Richtungen besonders gut. Bei einem Kräuterdunstbad verteilen sich die Essenzen im warmen Raum, sodass sie von den Gästen bzw. Patienten inhaliert werden können; damit erfolgt gleichzeitig eine Heilwirkung für die Atemwege. Der warme Dampf aus naturbelassenem Heu – mittels Gräsern, Kräutern und Wiesenblumen eingebracht – wirkt aber nicht nur auf die Atemfunktion, sondern entspannt die Muskeln und lässt den Aufenthalt im Heudampfbad zu einer insgesamt regenerierenden Körpererfahrung und damit zu einem gelungenen Kurerlebnis werden. Ein Anstrich in Grasgrün, dazu Einrichtungsgegenstände aus Holz sind für den gesamten östlichen Bereich geeignet.

Hitze, Wärme und Schweiß gehören zum Element Feuer, dem Element des Südens, deswegen ist eine Sauna in diesem Bereich am besten untergebracht: Die Übererwärmung verursacht aber nicht nur starkes Schwitzen, sie öffnet die Poren der Haut und unterstützt deren Durchblutung. Besonders entspannend und für den Stoffwechsel anregend wirkt ein Steinofenbad; dabei werden heiße Steine aus dem Ofen geholt und in kaltes Wasser gelegt; auch das hat eine heilsame Wirkungskraft.

Der zentrale Bereich des Gebäudes gehört zum Element Erde; eine Massage, die Unpässlichkeiten in der Muskulatur beseitigen soll, passt perfekt zu diesem Element.
Eine Rückenmassage, besonders bezogen auf den Schulterbereich und die Nackenmuskulatur, lindert Schmerzen, lockert Verspannungen und wirkt darüber hinaus stabilisierend und wohltuend auf die Psyche; dazu tragen auch die warmen Gelbtöne der Wände bei, die eine gemütliche Atmosphäre entstehen lassen.

Gemüseladen

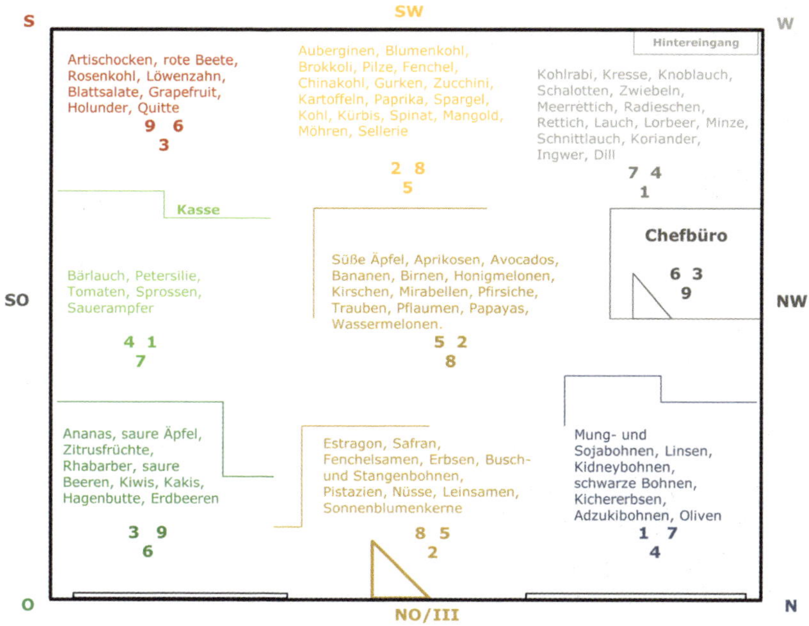

Der Begriff „Gemüse“ gehört generell zum Element Holz, deswegen sollte sich dieser Verkaufsbereich im östlichen Teil des Gebäudes befinden.
Der Nordosten kann mithilfe von Feuer yangisiert werden, d.h.: Eine Außentür und/oder Außenwände in Rottönen aktivieren den Fluss der hereinströmenden Energie. Dies kann mit einem roten Teppich vor dem Eingang gestärkt werden, denn der zieht die Yang-Energie an und dementsprechend auch die Kundschaft.

Die Lebensmittel werden in der chinesischen Ernährungswissenschaft den fünf Elementen und den fünf Geschmacksrichtungen zugeordnet: sauer (Holz), bitter (Feuer), süß (Erde), scharf (Metall) und salzig (Wasser). Entsprechend diesen Vorgaben sollten die Gemüse- und Obstsorten im Laden platziert werden.

Bittere Gemüsearten und Obstsorten – wie Artischocke, Rote Beete, Rosenkohl, Löwenzahn, Blattsalate, Grapefruit, Holunder, Quitte – gehören demnach in den südlichen Teil des Geschäftes. Dieser Bereich kann mit der Eigenfarbe der Himmelsrichtung d. h. in Rosa, Karminrot oder Purpurrot gestrichen werden.

Der Osten ist am besten geeignet für saure Obstsorten – wie Ananas, saure Äpfel, Zitrusfrüchte, Rhabarber, saure Beeren, Kiwis, Kakis, Hagenbutte, Erdbeeren –, die zum Holzelement zählen. Die Steigerung der Raumenergie kann durch einen Anstrich in Aquamarin erreicht werden.

Im Südosten sollten frische Kräuter, z. B. Bärlauch und Petersilie, sowie Gemüse – wie Tomaten, Sprossen, Sauerampfer – angeboten werden, weil auch sie dem Holzelement entsprechen. Die Kasse ist ebenfalls hier am richtigen Platz. Zur Verstärkung des Holz-Effektes ist Apfelgrün, Blassgrün oder auch Hellblau als Wandfarbe zu empfehlen.

Mung- und Sojabohnen, Linsen, Kidneybohnen, schwarze Bohnen, Kichererbsen, Adzukibohnen und Oliven sind „Wasserlebensmittel", die am besten im nördlich ausgerichteten Verkaufsbereich angeordnet werden. Dafür ist die Farbe des schöpferischen Elements, z. B. Aschgrau oder Weiß, besonders geeignet (s. Fütterungszyklus Seite 28).

Kennzeichnend für das Metallelement sind scharfe Gemüse – wie Kohlrabi, Kresse, Knoblauch, Rettich, Schalotten, Zwiebeln, Meerrettich, Radieschen, Lauch –, aber auch Gewürze wie Lorbeer, Minze, Schnittlauch, Koriander, Ingwer und Dill. Eine dem Westen zugeordnete Farbe, z. B. Taubengrau oder Altweiß, harmoniert mit dieser Himmelsrichtung am günstigsten. In dem Fütterungszyklus (s. Seite 28) wird das Metall-Element von der Erde-Energie gestärkt, deshalb können hier auch alle Gelbtöne eingesetzt werden.

Gemüse- und Obstsorten mit einer süßlichen Geschmacksrichtung gehören zum Element Erde; sie können infolgedessen in dem Geschäft im Südwesten und in der Mitte platziert werden. Diese sind: Auberginen, Blumenkohl, Brokkoli, Pilze, Fenchel, Chinakohl, Gurken, Zucchini, Kartoffeln, Paprika, Spargel, Kohl, Kürbis, Spinat, Mangold, Möhren, Sellerie; bzw.: süße Äpfel, Aprikosen, Avocados, Bananen, Birnen, Honigmelonen, Kirschen, Mirabellen, Pfirsiche, Trauben, Pflaumen, Papayas und Wassermelonen. Eine Hintergrundwand in Backstein ist für diesen Bereich ideal, weil sowohl das Zentrum wie auch der Naturstein zum Element Erde gehören. Als Alternativfarben für diesen Bereich können ebenfalls erdige Töne genommen werden; d. h. Ocker, Teegelb, Zitronengelb und Mimosengelb.

In der Nähe des Eingangs sollten Estragon, Safran, Fenchelsamen, Erbsen, Busch- und Stangenbohnen, Nüsse, Pistazien, Leinsamen, Cashewnüsse, Sonnenblumenkerne zum Verkauf angeboten werden, weil sie gleichfalls zum Erd-Element gehören. Mit einem safrangelben Anstrich kann der Eingang einladend und inspirierend wirken.

Ein Abteilungsleiter oder ein Firmenchef, der sein Büro im Nordwesten eingerichtet hat, wird planvoll, strukturiert und verantwortungsbewusst das Geschäft führen. Er wird den materiellen Erfolg nutzen, um sein gesellschaftliches Ansehen zu festigen und von den Kunden und Mitarbeitern gleichermaßen als Respektsperson wahrgenommen zu werden. Ein Mangel an Feuer in seinem BaZi kann mit einer karminrot gestalteten Wand kompensiert werden, ein Mangel an Holz mit lindgrüner, ein Mangel an Erde mit sandfarbener Kolorierung. Der Metall-Anteil kann mit Silber, der Wasser-Anteil mit der Abbildung eines Wasserfalls bereichert werden.

Modegeschäft

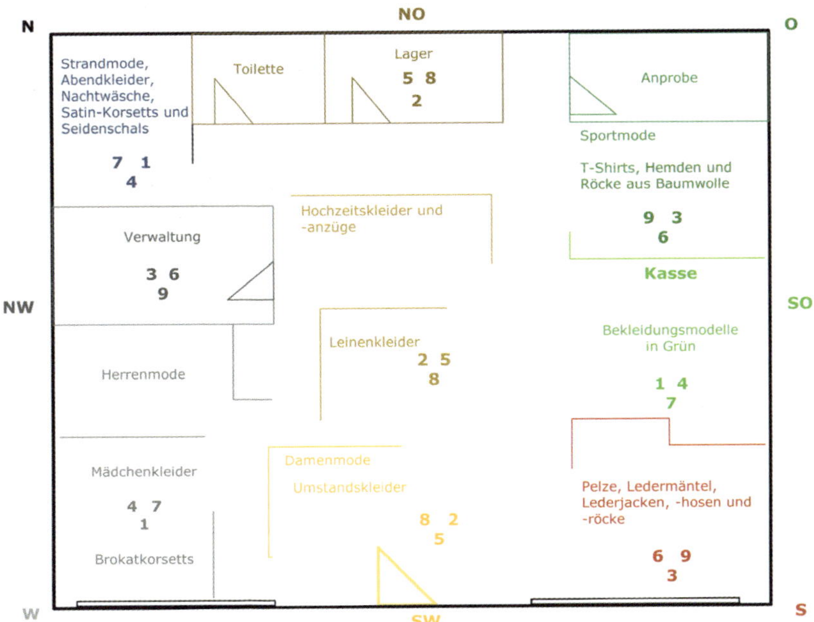

Der Haupteingang im Südwesten, mit einer südwestlichen Ausrichtung, lässt eine Energie einfließen, die für Leistungsbereitschaft und das kollegiale Miteinander förderlich ist und ebenso für eine gute Verständigungsbasis mit dem oder der Besitzerin des Geschäfts sorgt.

Im Osten kann die Sportmode (Jogginganzüge, Laufhosen bzw. -shorts, Kapuzenjacken, Shirts, Sportjacken usw.) sowie T-Shirts, Hemden, Röcke aus Baumwolle präsentiert werden. Pflanzen kräftigen die Holz-Energie und schmücken den Raum. Das auf Holz bezogene Flaschengrün ist die geeignete Farbauswahl für diesen Bereich. Der Osten steht für lineare Bewegungsabläufe, deswegen kann hier auch der Anprobebereich eingebaut werden.

Holz wird in der Lehre der „Fünf Elemente" mit der Farbe Grün assoziiert, deshalb ist der Südosten ideal für alle Bekleidungsmodelle in Grün. Eine vertikal gestreifte Tapete in Mistelgrün gibt dem Raum mehr Höhe und erzeugt eine angenehme Yang-Energie, die sich sogar überaus verkaufsfördernd auswirken kann.

Elemente	Material
Holz	Baumwolle
Feuer	Pelze, Leder, Kunstleder, Kunstfasern
Erde	Leinen
Metall	Lurex, Brokat
Wasser	Seide, Satin

Der Nordwesten wird der Leitfigur, mithin dem „Vater" zugeordnet, deswegen ist dies eine männliche Himmelsrichtung. Hier lassen sich bevorzugt Anzüge, Sakkos, Jacken, Hosen und Krawatten verkaufen. Ein weißer Anstrich mit weißen, runden Säulen vermehrt die Metallenergie. Durch Yang-Materialien – wie glatte Marmoroberflächen – wird der Qi-Fluss angeregt, das ist besonders dann angebracht, wenn die Räumlichkeiten nur mangelhaft vom Tageslicht erhellt werden. Der Nordwesten intensiviert die Metallenergie und stärkt die Selbstdisziplin sowie das Planungs- und Organisationstalent; der Verwaltungsbereich kann somit von diesen Eigenschaften profitieren. Die Geschäftsführung, ob Chef oder Chefin, die im Nordwesten diese Leitfunktion ausübt, wird hohe Ansprüche an die Leistungsbereitschaft der Mitarbeiter stellen. Der Geschäftsführer/die Geschäftsführerin wird ein ausgeklügeltes Planungskonzept anwenden und solide sowie langfristige Marketingstrategien entwickeln, um neue Kunden zu gewinnen. Silbertöne geben dieser Energie Auftrieb und eignen sich außerdem als dekorative Stilmittel.

Der Westen ist die Himmelsrichtung der „jüngsten Tochter", deshalb entsprechen Mädchenkleider der Metall-Energie. Brokat ist ein fester, gemusterter Stoff aus Rayon, mit Gold- und Silberfäden verwoben, demzufolge von dem Element Metall beeinflusst. Brokatkorsetts und Mädchenkleider werden in diesem Energiefeld bestimmt einen guten Profit erbringen. Weiße Tapeten mit runden Punkten stärken und beleben die

Metall-Energie, auch das sind positive Aspekte für das Geschäft.

Klassische Umstandskleider, Hosen für Schwangere, Umstandsröcke und Oberteile, Umstandslatzhosen entsprechen dem Südwesten, denn diese Himmelsrichtung ist der Mutterfigur und der Weiblichkeit zugetan. Ideal ist diese Ausrichtung auch für Damenkleider sowie Hosenanzüge, Kostüme, Blusen, T-Shirts, Kleider, Röcke, Mäntel und Jacken. Indischgelbe Wände erzeugen eine warme Erde-Energie, die der Schwangerschaft entspricht. Das Gleichgewicht von Yin und Yang ist natürlich auch hier wichtig; die südwestliche, auf Ruhe angelegte Yin-Energie kann hier zum Beispiel mit einem Energiebild yangisiert werden.

In die südliche Richtung passen am besten Pelze, Ledermäntel sowie Lederjacken, -hosen und -röcke, auch Kunstlederware. Die Wandgestaltung in Farben, die der südlichen Energie entsprechen – z. B. Zart- oder Altrosa –, kann hier eine gute Wirkungskraft einbringen. Ein dynamisches Kunstwerk im südlichen Teil dieses Bereichs stärkt die kraftvolle Energie zusätzlich. Aufgrund dieser Energie wird die Verkaufskraft mit ausdrucksstarker Kontaktfreudigkeit Überzeugungs- und Verkaufsarbeit leisten.

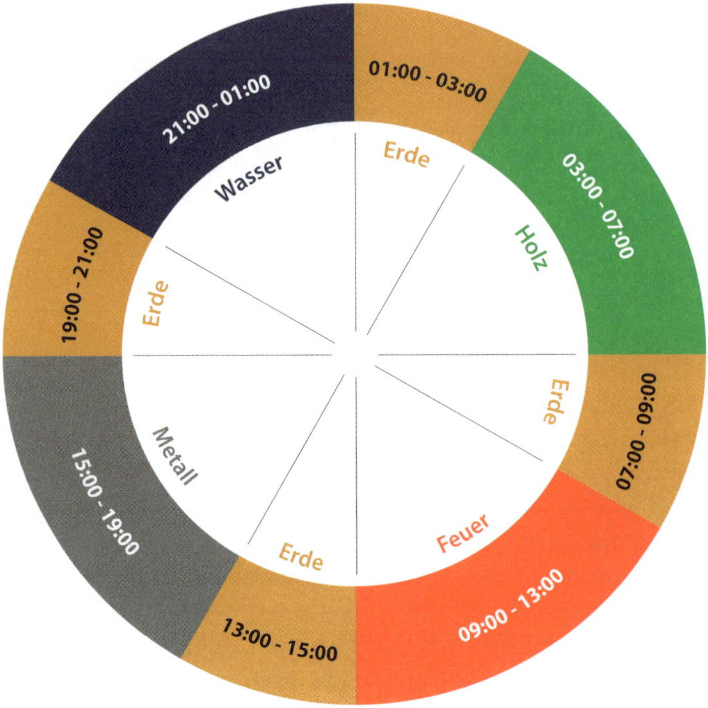

Die 24 Stunden und die Elemente

Die 24 Stunden des Tages ordnen die Chinesen ebenfalls den fünf Elementen zu. So gehört die Nacht – von 21:00 bis 01.00 Uhr – zum Element Wasser. Im Norden können demzufolge die Nachtwäsche, aber auch die Abendkleider präsentiert werden. Badeanzüge, Strandkleider, Satin-Korsetts und Seidenschals entsprechen gleichfalls der nördlichen Wasserqualität. Mit einer starken Beleuchtung lassen sich die Yang-Einflüsse stärken, auch die ruhige Energie des Nordens kann dadurch angeregt werden, sodass demzufolge die Verkaufsaktivitäten unterstützt werden. Große Spiegel und glänzende Gegenstände erzeugen eine dynamische Yang-Atmosphäre, die zusätzlich die nördliche Energie in Schwung bringt. Schwarz (Yin), die Farbe des Wassers, kombiniert mit Weiß (Yang) setzt elegante Akzente.

Das Element Erde entspricht dem Alter der Familiengründung, deswegen können Hochzeitskleider und -anzüge in der Mitte des Ladens wirkungsvoll ausgestellt werden. Rosa Pfingstrosen oder Orchideen, die Liebe und Leidenschaft symbolisieren, passen zur dekorativen Accessoires-Ausschmückung.

Braun und Gelb gelten als Symbolfarbe der Familiengründung und bringen warme Emotionen in den Raum. Auch Säulen und Wandpaneele in weiß, der hierzulande typischen Hochzeitsfarbe, sind ideale Ausstattungselemente.

Die cremefarbenen Wände und der hellbraune Boden, dem Element Erde zugeordnet, bringen in dem Fütterungszyklus (s. Seite 28) die Harmonie mit dem Weiß zum Ausdruck. Deshalb ist diese Farbkombination in jeder Beziehung geeignet – auf jeden Fall für den Geschäftsgewinn.

Leinen ist ein Erde-Material, deswegen können hier auch sommerliche Leinenkleider angeboten werden. Mais- oder goldgelbe Farbtöne sind am besten geeignet für diesen Verkaufsbereich.

Elemente	Alter
Holz	Kindheit
Feuer	Jugend
Erde	Reife
Metall	Rentenalter
Wasser	letzte Lebensjahre

Möbelgeschäft

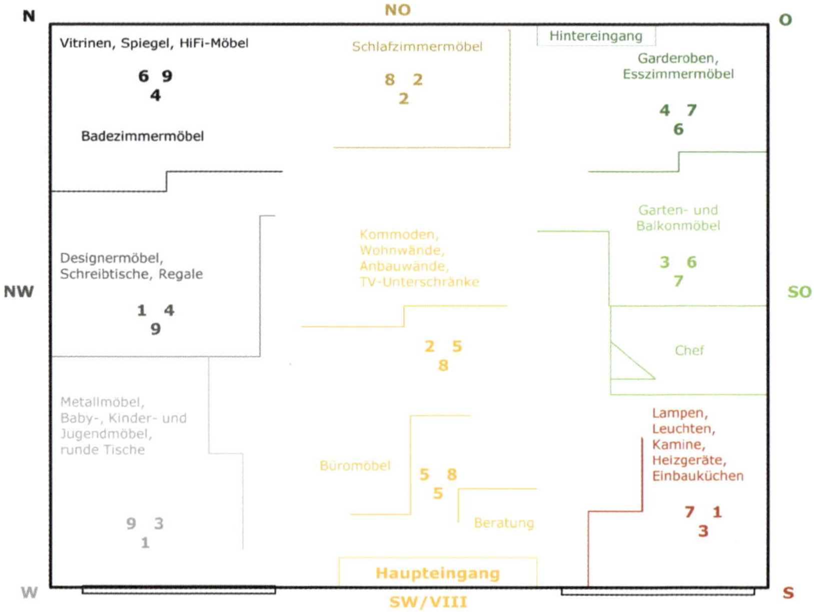

Der Brunnen vor dem Eingang, bestehend aus drei runden Schalen aus grauem Stein, harmoniert hervorragend mit dem Element Holz der Geschäftsart (s. dazu Fütterungszyklus Seite 28). Das Geräusch des plätschernden Wassers yangisiert außerdem das hereinströmende Qi und wirkt sich somit effektiv und gewinnfördernd aus. Das Personal in diesem Geschäft wird sich stets fürsorglich und geduldig verhalten, sodass stabile und langfristige Geschäftsbeziehungen zu den Kunden zu erwarten sind. Diese Energie spornt das Verkaufspersonal dazu an, besonders engagiert und leistungsbetont zu arbeiten, dabei aber immer die Firmeninteressen im Auge zu behalten.

Bereits im Eingangsbereich ist eine Energie aktiv, die das Engagement und die Motivation fördert, deswegen passen hier die Büromöbel hin – wie Computertische, Chefsessel, Bürodrehstühle, Drehstühle, Rollcontainer. Schneeweiße oder in Silberfarbe gehaltene Wände sind Metallenergieträger, die die strukturierte Beratung beim Verkauf unterstützen.

Der Süden ist besonders für die Mitarbeiter geeignet, die intuitiv und emotional auf die Bedürfnisse der Kunden eingehen können. Günstig ist der Süden aber auch für die Gegenstände, die mit Feuer direkt zu tun haben, also: Leuchten, Lampen, Öfen, Feuersäulen, Kamine, Elektrokamine, Kaminöfen, Einbauküchen, Küchentische und Herde. Eine starke Beleuchtung gibt dem Raum eine Yang-Qualität, sodass die Kunden dadurch zum Kauf animiert werden. Das Element Holz stärkt die Energie des im Fütterungszyklus folgenden Elements, demnach des Feuers, besonders effizient. Für den Verkauf von „Feuer-Möbeln" ist demzufolge eine in einem leuchtenden (Yang) Birkengrün gestrichene Wand, kombiniert mit einem pastelligen (Yin) Blassgrün der restlichen Wände, auch optisch ein Zündstoff.

Der Südosten ist für die Holzqualität vorteilhaft, somit für die Ausstellungsfläche von Garten- und Balkonmöbeln aus Holz und Korbgeflecht. Grüne Pflanzen sind ideal für den Südosten, weil ihre Energie mit dem Element Holz eine perfekte Harmonie herstellt; mit hellblauer Farbe kann dies an den Wänden noch optimiert werden.

Ob Chef oder Chefin – beide werden von der südöstlichen Energie angespornt, effizient und hart zu arbeiten und mit Durchsetzungsvermögen und Ehrgeiz den Laden zu führen. Hohe Möbel intensivieren die Holz-Energie, sodass damit die Kreativität, die Phantasie und der Expansionsdrang der hier tätigen Personen gefördert werden. Um dem Raum ein anregendes, „gewisses Etwas" zu geben, sollte eine Wand in einer leuchtenden Yang-Farbe gestaltet werden, z. B. in Lindgrün, wenn Holz in dem BaZi fehlt, oder in Orientrot, wenn das Element Feuer fehlt. Die Gua-Zahl 9 interagiert mit dem Südosten und stärkt das erfolgreiche Arbeiten: Der Südosten gehört zum Element Holz und kann somit unterstützend in Bezug auf das Element Feuer der Zahl 9 wirken.

Der Osten steht für lineare Bewegung, deshalb sollte sich hier der Hintereingang befinden. Dielenmöbel, Garderobenpaneele und Garderobensets sowie Kompakt- und Wandgarderoben korrespondieren mit der Veränderung des Ostens. Aufgrund der überzeugenden Geschäftstüchtigkeit der Mitarbeiter werden im Osten Esszimmermöbel, Eckbankgruppen, Sitzbänke und Esstische aus Holz besonders gut verkauft.

Zur Aktivierung der günstigen Energie (Teamarbeit, stabile geschäftliche Kontakte, kollegiales Verhalten), die sich in einer ruhigen Umgebung am besten entfalten kann, aber auch von den massiven und schweren Möbeln unterstützt wird, können im Nordosten Schlafzimmermöbel (Betten und Schränke) ausgestellt werden. Denn das Schlafbedürfnis als solches wird mit Ruhe und Entspannung in Verbindung gebracht, sodass der Bereich automatisch als Ruhezone empfunden wird und damit die positiven „fliegenden Sterne" aktiviert werden.

Glas und Spiegel gehören zum Element Wasser, deswegen sollten sowohl

Stand- als auch Hängevitrinen aus Glas, ebenso alle Spiegel ins nördlich gerichtete Blickfeld gerückt werden. Da musikalische Fähigkeiten und nördliche Energie einander entsprechen, können hier auch HiFi-Möbel zum Verkauf angeboten werden. Aber auch Möbel fürs Badezimmer sind hier richtig platziert, da sie eine Verbindung zum Wasser haben.

Das Verkaufspersonal kann hier auffällige oder extravagante Möbelstücke am effektivsten präsentieren und verkaufen, denn: Metall produziert in dem Fütterungszyklus (s. Seite 28) Wasser. Cendré, Achat- und Zartgrau sind demnach als Metallfarben besonders passend für den Wandanstrich; damit kann das Wasser des Nordens unterstützt werden, aber ebenso die Verkaufsbemühung.

Im Nordwesten können hochwertige Designermöbel präsentiert werden, auch Schreibtische, Bücher- und Wandregale aus lackiertem Stahlblech, die die Metall-Energie dieser Himmelsrichtung betonen, würden hier gut hinpassen. Die „Vaterfigur“ gehört zum Nordwesten, deswegen wird das besonders erfahrene bzw. fachkompetente Verkaufspersonal hier bestimmt erfolgreiche Verkaufsergebnisse erzielen können. Nebelgrau entspricht der Metallenergie des Nordwestens, deshalb sollte der Bereich in dieser Farbe gestrichen werden. Metall wird in der Elementenlehre von der Erde hervorgebracht, daraus ergibt sich, dass ein alternativer Anstrich in Ginstergelb, Ocker oder Maisgelb die Verkaufsverhandlungen ebenfalls unterstützen würde.

In einer lockeren Atmosphäre können im Westen Metallmöbel, Baby-, Kinder- und Jugendmöbel verkauft werden. Runde Formen entsprechen der Qualität des Metalls, demzufolge des Westens; deshalb haben hier Möbel mit abgerundeten Kanten, runde Tische und Gegenstände und Mobiliar mit runden Symbolen beste Verkaufschancen: Der Kreis eignet sich nämlich als vollkommene Form für die Gestaltung von Möbeln.

Massive, niedrige, quadratische und lang gestreckte Möbel entsprechen der erdigen Qualität des Zentrums. In der Mitte des Möbelhauses sollten deshalb Kommoden, Wohnwände, Schuhkommoden, Couchtische, Beistelltische, Truhen, Nachtkonsolen, TV-Unterschränke etc. angeboten werden. Das Element Erde steht für gelbe und braune Farben, deswegen sollten die Wände in dieser Abteilung einen leichten Sandton – alternativ auch Saharagelb – erhalten.

Element	harmonische Farben	unterstützende Farben
Holz	Grün und Hellblau	Nachtblau und Schwarz
Feuer	Rottöne	Grün und Hellblau
Erde	Gelb- und Brauntöne	Rottöne
Metall	Grau, Weiß, Silber	Gelb und Brauntöne
Wasser	Nachtblau und Schwarz	Grau, Weiß, Silber

Klinik

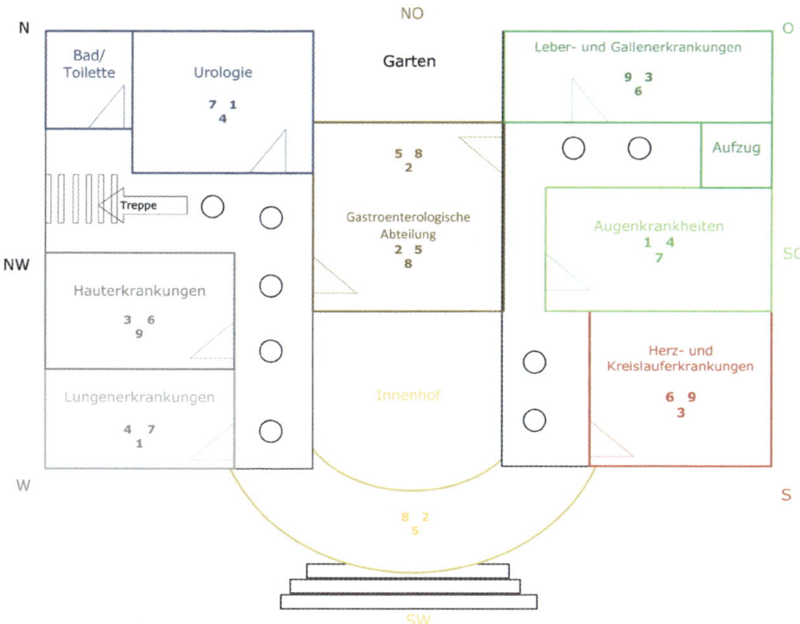

Die geeignete Form eines Gebäudes hat eine ebenso begünstigende Wirkung auf die darin ausgeübte Tätigkeit. Diese Klinik hat die Form eines H, das für Heilen steht und damit schon nach außen die Aufgabe offenbart: nämlich Gesundheit und Heilung. Eine Klinik hat damit das Erfordernis zu erfüllen, einen Genesungsprozess einzuleiten und zu beschleunigen[8)]. Der Südwesten hat einen besonderen Bezug zum Thema Fürsorge und Pflege, deswegen ist diese Orientierung des Eingangs für eine Klinik bestens geeignet.

Die breiten Säulen verhindern, dass die Energie im Eiltempo durch die Flure fließt und diese zum „Schlängeln" bringt. Überdies vermitteln die lebensprallen und lustvollen Farbfotos, mit denen sie dekoriert sind, eine bunte Wohlfühl-Welt.

Auf das übliche klinische und meist steril wirkende Weiß sollte man hier möglichst verzichten und stattdessen fröhliche Farben wählen. Befinden sich die Treppe und der Aufzug zum Kellergeschoss im Eingangsbereich, verlässt das Qi schon dort das Erdgeschoss und kann sich nicht in den Räumen ausbreiten, deswegen wurden die Treppe und der Aufzug hier nicht im Eingangsbereich untergebracht.

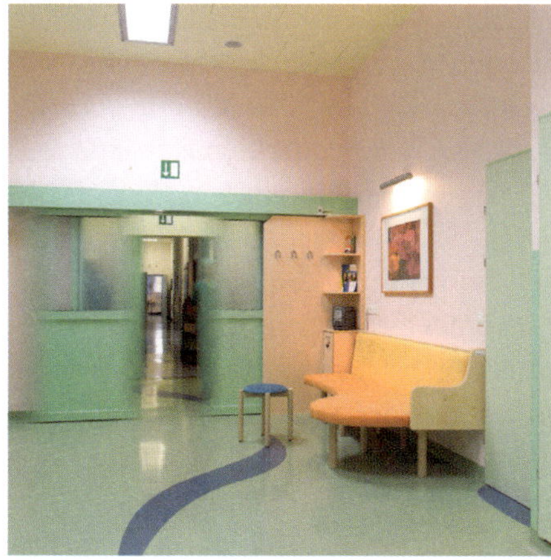

Das gesamte Kreislaufsystem gehört zum Feuer, ebenso das Herz. Wer seine Gefühle unterdrückt, kann seine Feuereigenschaften nicht ausleben; wer immerzu hektisch ist, lebt sein Feuer dagegen zu exzessiv aus. Bei einem gesunden Mensch fließt das Qi in den Feuermeridianen[9] harmonisch, bei einem kranken Menschen ist der Fluss blockiert, und das kann zu Herzrythmusstörungen führen. Dies kann aber mit einer entsprechenden Farbauswahl harmonisiert werden. In den früheren Hochzivilisationen wurden Farben als natürliche Heilmittel eingesetzt. In der modernen Farbpsychologie ist mittlerweile erkannt worden, dass Farben unbewusste Reaktionen und Assoziationen auslösen können. Eine Herzintensivstation sollte deshalb in zarten Rosa- und in Grüntönen gestrichen werden. Innerhalb dieser Farbumgebung können Herzkrankheiten besser geheilt werden, indem nämlich die Energie zum Fließen gebracht wird. Mit diesen Farben kann man auch die Meridiane, die vom Feuerelement beeinflusst werden, ausgleichen und die typischen Gefühlsregungen eines gestörten Feuers[10], Hass und Arroganz, mildern. Da der Süden mit dem Feuer stark verbunden ist, sollte die südliche Positionierung als geeignete Himmelsrichtung für die Herzintensivstation gewählt werden.

Die Niere regelt den Wasserhaushalt des Körpers und filtert die Gifte heraus. Die Niere wie auch die Blase sind Wasserorgane, somit dem

Element Wasser zugeordnet. Die Urologie kann dementsprechend im Norden, der Himmelsrichtung des Wassers, untergebracht werden. Wellenlinien an den Wänden erzeugen eine sanfte Wasser-Atmosphäre, die sich positiv auf den Genesungsprozess auswirkt und den Patienten die Angst vor Komplikationen nimmt: Ein gestörtes Wasserelement hat zum Beispiel zur Folge, dass Ängste und diffuse Befürchtungen zusätzlich den Nierenmeridian schwächen. Runde Kreise lockern die einheitliche Farbe des Bodens auf, überdies wird dadurch das Qi aufgehalten und zum Mäandrieren gebracht. Alles, was rund oder rundlich ist, gehört zum Element Metall, und dieses Element steht im Fütterungszyklus harmonisch zum Element Wasser. Das bedeutet, dass die Wasser-Energie vermehrt wird und den Energiefluss der Nierenmeridiane ausbalanciert. Das Erwachen aus der Narkose kann beispielsweise angenehmer gestaltet werden, wenn der Patient nicht auf eine weiße Decke blickt, sondern auf ein schwungvolles Muster.

Ein „gestörtes Holz" ist für Leber- und Gallenkrankheiten (Gelbsucht, Gallenkolik, Gallensteine, Leberzirrhose, Hepatitis usw.) verantwortlich und kann mit den Farben der Grünpalette ausgeglichen werden. Zur Wandlungsphase Holz gehört auch der Osten, deswegen ist im Osten die Abteilung, die sich um Lebererkrankungen kümmert, am günstigsten für den Genesungsverlauf. Denn die östliche Energie bringt den Qi-Fluss in den Lebermeridianen zum Fließen und kann den Heilungsprozess damit beschleunigen. Grün hat außerdem eine beruhigende Wirkung und ist also auch von daher bestens geeignet für den Wandanstrich. Wut und Ungeduld sind die Emotionen eines gestörten Lebermeridians; sie können mit Grün harmonisiert werden.

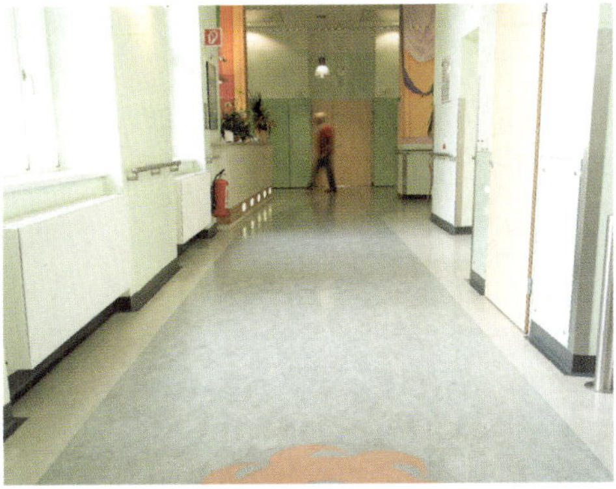

Gesundheitliche Probleme an den Augen entstehen, wenn das Qi in den Holzmeridianen nicht mehr frei zirkulieren kann. Der Südosten wird dem Element Holz zugeordnet und vermehrt diese Energie, um die Heilung zu unterstützen. Deswegen sollte die Abteilung, die für Augenkrankheiten zuständig ist, im Südosten eingerichtet werden. Die sanften Yin-Farben der Grünpalette und die damit verbundenen Energiebilder sorgen für eine angenehme Atmosphäre, die auf die Augen entspannend und heilend wirken.

Haut und Lunge sind Metallorgane, die eine Verbindung mit dem Westen und dem Nordwesten haben. Haut- und Lungenerkrankungen sind typisch bei einem gestörten Metallelement. Kreisförmige Mandalas und Energiebilder sollten diesbezüglich als Träger von kraftvollen Informationen genutzt werden, da sie auf den Körper und die Seele positiv einwirken können. Mandalas haben nicht nur einen rein visuellen Ausdruck, sondern auch eine energetische Wirkung, die erfahrbar gemacht werden kann. Farbige Mandalas an den Wänden, Decken und auf dem Boden können die Räume mit Lebendigkeit füllen, auf die Genesung positiv einwirken und von Melancholie, Trauer und Depressionen befreien. Diese Emotionen tauchen nämlich oft bei einer gestörten Metall-Energie auf.

Der Magenmeridian steht in Verbindung mit Magen, Milz und Bauchspeicheldrüse und ist für die Aufnahme aller festen und flüssigen Nahrung verantwortlich. Wenn z. B. die Erde in dem BaZi fehlt (s. Seite 42), kann es leicht zu Darmerkrankungen – Blähungen, Sodbrennen und Verstopfung – kommen. Der Gebäudetrakt, der die beiden Flügel der Klinik miteinander verbindet, bildet das Zentrum des Gebäudes und gehört somit zum Element Erde. Dieser Bereich ist für die gastroenterologische Abteilung am besten geeignet. Die Wände sollten in den Farben der Gelbpalette erstrahlen und Behaglichkeit und Freundlichkeit vermitteln. Weiße Farbtöne können gut mit den erdigen Gelbfarben kombiniert werden; mit einer großformatigen Wandmalerei kann der Raum beruhigend, gleichsam farbenfroh gestaltet werden; auch dies kann zu einer schnelleren Heilung beitragen, denn Sorgen sind die Konsequenz eines gestörten Magenmeridians. Ein erdig-brauner Bodenbelag und Möbel aus naturbelassenem Holz fördern zusätzlich die gute Kameradschaft und die Teamarbeit des Personals. Mit Freundlichkeit und Fürsorglichkeit werden die Patienten hier gepflegt und versorgt.

Element	Himmelsrichtung	Farben	Yin-Organ/ Yin-Meridian	Yang-Organ/ Yang-Meridian	Sinnesorgan	Gewebe	Emotion
Holz	Osten, Südosten	Grüntöne, Hellblau	Leber	Gallenblase	Augen	Sehnen	Wut, Ungeduld
Feuer	Süden	Rottöne	Herz	Dünndarm	Zunge	Blutgefäße	Hass, Arroganz
Erde	Südwesten, Nordosten	Gelb- und Brauntöne	Milz, Bauchspeicheldrüse	Magen	Mund/ Lippen	Muskeln	Sorgen, Anspannung
Metall	Westen, Nordwesten	Weiß, Silber, Grau	Lunge	Dickdarm	Nase	Haut	Trauer, Melancholie, Depression
Wasser	Norden	Schwarz, Nachtblau	Nieren	Blase	Ohren	Knochen	Angst, Panik

Anmerkungen

1. Laut „Brockhaus" ist Wissenschaft: „Inbegriff dessen, was überlieferter Bestand des Wissens einer Zeit ist, sowie u.a. der Prozess methodisch betriebener Forschung und Lehre als Darstellung der Ergebnisse und Methoden der Forschung mit dem Ziel, fachliches Wissen zu vermitteln und zu wissenschaftlichem Denken zu erziehen. Die Wissenschaft beginnt mit dem Sammeln, Ordnen und Beschreiben ihres Materials. Weitere Schritte sind die Bildung von Hypothesen und Theorien. Sie müssen sich am Material bestätigen (Verifikation) [...] Die Wissenschaft ist dem Ziel nach entweder theoretisch ('reine') Wissenschaft oder angewandte ('praktische') Wissenschaft und wird traditionell in Naturwissenschaft (Physik, Astronomie, Mineralogie, Geologie, Biologie, Chemie) und Geisteswissenschaft (Religion, Kunst, Gesellschaft, Mythos, Sitte, Philosophie) geschieden". S. 381, 707, 1139.

2. Das „Buch der Wandlungen", d.h. in Chinesisch „I Ging", ist der älteste der chinesischen Texte. In den westlichen Kulturen wird es vor allem als Weisheits- und Weissagungsbuch verstanden.

3. Buch der Riten, Seite 205. „Wind und Wasser" ist eine Abkürzung eines Satzes aus dem „Buch der Riten" von Guo Po: „Qi wird vom Wind zerstreut und stoppt an der Grenze des Wassers". Das Buch der Riten beschreibt Verhaltensweisen, alte Riten, Sitten,

Gebräuche und Hofzeremonien. Das Buch gehört zu den Klassikern der chinesischen Philosophie und wird zum Teil dem Konfuzius (551-479 v. Chr.) zugeschrieben.

4. Tao Te-King, Seite 60. Das „Tao Te-King", um ca. 400 v. Chr. entstanden, gilt als die Gründungsschrift des Daoismus und wird dem Weisen Laotse zugeschrieben. Das Werk besteht aus einer Sammlung von Spruchkapiteln zur Persönlichkeitsentwicklung des Einzelnen und des Herrschers.

5. Der Ursprung der Elementenlehre liegt wahrscheinlich in der Astronomie des alten Chinas, wo die Hauptplaneten den Elementen zugeordnet wurden: Jupiter zum Holz, Mars zum Feuer, Saturn zur Erde, Venus zum Metall und Merkur zum Wasser. Daraus hat sich das komplexe System der Lehre der Fünf Elemente entwickelt.

6. Es wird vermutet, dass die Zeitspanne von 180 Jahren mit der Astronomie zu tun hat. Bei der Bewegung der Planeten um die Sonne kommt es vor, dass im Zeitabstand von 180 Jahren eine Konjunktion (die Gestirne stehen in einer Reihe) aller Planeten in dem Sonnensystem stattfindet.

7. „Feng Shui, der rote Faden in der Geschichte der Stadt Bad Homburg v.d.H", S. 73-91

8. „Feng Shui, der rote Faden in der Geschichte der Stadt Bad Homburg v.d.H", S. 105-110. Das Kaiser-Wilhelms-Bad in Bad Homburg hat die Form eines H.

9. Die Meridiane sind in der chinesischen Medizin Leitbahnen, in denen die Lebensenergie Qi fließt. Äußere und innere Einflüsse können jedoch das System verändern, stören oder gar blockieren.

10. Ein Element ist gestört, wenn man davon zu viel oder zu wenig in dem BaZi hat (s. Anhang 1, BaZi 17: Erde ist zu stark, BaZi 2: Feuer ist zu schwach, BaZi 6: Metall fehlt). Wenn ein Element zu stark ist, kann man die Stärke mit dem darauffolgenden Element schwächen (s. Schwächungszyklus Seite 30). Beispiel: zu viel Holz kann man mit Feuer, d.h. mit Rottönen, schwächen. Wenn ein Element zu schwach ist, kann man dieses mit dem nährenden Element stärken (s. Fütterungszyklus Seite 28). Wenn z. B. Metall fehlt, kann man Metall mit Erde, d. h. mit gelben Farben, unterstützen.

Literaturangaben

Heller Eva, Wie Farben wirken, Rowohlt Verlag, Reinbek bei Hamburg, 2006

Herzberg Daniela, Gesund und vital mit den Fünf Elementen, BIO Ritter Verlag, Tutzing/Starnberger See, 2007

Lo Raymond, Feng Shui & Destiny for Managers, Times Books International, Singapore, 1997

Lo Raymond, Feng Shui & Destiny for Families, Times Books International, Singapore, 1999

Lo Raymond, Feng Shui The Pillars of Destiny, Times Books International, Singapore, 2003

Richard Wilhelm, Li Gi. Das Buch der Riten, Sitten und Bräuche, (Übersetzung aus dem Chinesischen), Kösel-Verlag, München, 1994

Richard Wilhelm, Laotse: Tao Te-King (Übersetzung aus dem Chinesischen), Matrix Verlag, Wiesbaden, 2004

Dr. Severin Arianna, Feng Shui Der rote Faden in der Geschichte der Stadt Bad Homburg v.d.H., TCM Fachverlag, Stralsund, 2010

DI Schumm Claudia, Feng Shui im Krankenhaus, Springer Verlag, Wien/New York, 2004

Yan Li, Das Illustrierte I Ging, Verlag für fremdsprachige Literatur, Beijing, 1997

Yap Joey, Xuan Kong Flying Stars Feng Shui, JY Books Sdn. Bhd., 2007

Yap Joey, Stories and Lessons on Feng Shui, JY Books Sdn. Bhd., 2005

Yap Joey, BaZi The Destiny Code, JY Books Sdn. Bhd., 2005

Walters Derek, Die Kunst des Wohnens, O.W. Barth Verlag, 1995

Walters Derek, Das Feng Shui Praxisbuch, O.W. Barth Verlag, 2003

Walters Derek, Die Fünf Schlüssel zum Glück, Ansata Verlag, München, 2000

Wong Eva, A Master Course in Feng Shui, Shambhala, Boston, 2001

Die Autorin

Nach einem kaufmännischen Abitur und einer Promotion in deutscher Literaturwissenschaft arbeitete die Autorin bisher hauptsächlich in den Bereichen Werbung und Marketing für große deutsche Unternehmen. Im Jahre 2005 hat sie beim Frankfurter Ring die Ausbildung zur Feng Shui-Beraterin absolviert. Sie hält heute Seminare über dieses Thema, außerdem berät sie Privatleute und Geschäftskunden bezüglich der idealen Farben- und Formengestaltung ihrer Wohnungen, Häuser, Arbeitsräume und Gärten.

Feng Shui Consulting
Dr. Arianna Severin
Brunnenweg 16
61352 Bad Homburg v.d.H.
Tel.: 06172-451393
Mobil: 01633134899
E-Mail: arianna.severin@t-online.de
www.fengshui-consulting.org

Bildnachweis und Feng Shui-Bezugsquellenverzeichnis

Die Architektin Claudia Schumm setzt die traditionelle chinesische Lehre von Feng Shui bei der Gestaltung von Krankenhäusern ein. Dank dem harmonischen Einsatz von Farben und Motiven schafft sie Räume des Wohlbefindens und der Heilung. Die Bilder auf den Seiten 12, 180, 181, 183 und 184 stammen aus Ihrem Buch „Feng Shui im Krankenhaus - Architektur und Heilung".

Architektur und Heilung
Rittsteigstraße 41
A – 3031 Rekawinkel
claudia.schumm@schumm.at

DI Claudia Schumm

Tel. 0043 664 1877788
www.architekturundheilung.at

Die Bilder für die Fotos auf Seiten 119, 129 und 171 wurden von Frau Ursel Dörr zur Verfügung gestellt. Die Kunstmalerin Ursel Dörr drückt mit Ihren Energiebildern die Harmonie zwischen universellen Energien und irdischen Kräften, zwischen Kosmos und Menschen aus. Ihre Energiebilder wirken auf das Energiesystem des Köpers und unterstützen Selbstfindung und Transformation. Sie können außerdem die Schwingung der Räume erhöhen.

Ursel Dörr, Kunstmalerin
Saalburgstraße 95
61350 Bad Homburg
Tel. 06172-31512
www.urseldoerr.de

Fax 06172-937227
info@urseldoerr.de

Die Bilder auf den Seiten 12, 178, 179, 181 und 182 stammen aus Ihrem Buch „Feng Shui im Krankenhaus - Architektur und Heilung".

Die Bilder für die Fotos auf Seiten 117, 127 und 169 wurden von Frau Ursel Dörr zur Verfügung gestellt.

MAB hat der Veröffentlichung folgender Bilder zugestimmt:
Seiten: 104, 114, 126 und 173, 174, 175 und 176

Die Möbelfabrik MAB konzipiert hochwertige Möbel ganz nach der Harmonie-Lehre von Feng Shui. Die harmonisierende Ausstrahlung der Materialien kombiniert mit dem bewussten Einsatz von kosmischen Formen fördern das Wohlbefinden und die Kreativität des Benutzers.

MAB Möbelfabrik Betschart AG
Tao – Möbel in Harmonie
Hauptstraße 178 CH- 6436 Muotathal
Tel. 0041 41 831 80 80 Fax. 0041 41 831 80 70
www.tao-moebel.ch info@tao-moebel.ch

Die Bilder auf den Seiten 105, 106, 108, 110, 111, 112, 115, 118, 119, 121, 128, 129, 130, 132, 133, 135, 149, 152, 154, 156, 157, 159, 161, 163 und 171 sind von www.dreamstime.de.

Die Bilder auf den Seiten 13, 14, 19, 23, 24, 25, 26, 27, 82, 85, 89, 92, 103, 118, 124, 125, 140, 141, 142, 143, 144, 145, 146, 147, 148, 162, 164, 165 und 172 sind von www.Pixelio.de.

Die Bilder auf Seiten 19, 71, 117, 127 und 169 sind von der Autorin.

Bild der Autorin auf Seite 191 ist von Jost-Fotografie:
www.jost-fotografie.de

Lektorat: Sonja-Ilonka Wagner

Anhänge

Anhang 1

Erklärung der BaZi-Berechnung

Die BaZi-Berechnung geschieht auf der Grundlage von Geburtsdatum -stunde und -ort einer Person. Im chinesischen Kalender findet der Feng Shui-Berater die Stämme und Äste, die stellvertretend für das Geburtsjahr, den Geburtsmonat, den Geburtstag und die Geburtsstunde stehen. Es ergeben sich acht Zahlen, die den Elementen zugeordnet werden. Daraus können die Basisdaten ermittelt und deren Stärken herausgefunden werden. Die Jahreszyklen haben mit dem Alter zu tun, d.h.: Alle zehn Jahre kommt eine Säule mit zwei Zahlen/Elementen hinzu.

Die Berechnung der Stundensäule erfolgt auf der Basis der astronomischen Zeitmessung, d. h. Sonnenzeit. Wenn jemand während der Sommerzeit geboren wurde, muss der Feng Shui-Berater eine Stunde abziehen. Beispiel: Geburtsdatum: 5.5.1988 um 18:26 in Frankfurt am Main: Da im Jahr 1988 bereits die Sommerzeit gegolten hat, wird eine Stunde abgezogen, also ist der Geburtstermin auf 17:26 Uhr festgelegt worden. Um die astronomische Geburtsstunde ermitteln zu können, muss auch der Geburtsort berücksichtigt werden. In Deutschland wurde

1893 die einheitliche Zeitbestimmung (MEZ) eingeführt, daraus ergibt sich, dass es Abweichungen zur Sonnenzeit gibt, die entsprechend abgezogen oder addiert werden müssen: Wer zum Beispiel um 18:26 in Frankfurt geboren wurde, ist aus astronomischer Sicht um 17:01 auf die Welt gekommen (18:26 - 1 Stunde wegen der Sommerzeit - 25,3 = 17:01).

Beispiel (s. BaZi auf Seite 197):
Diese männliche Person ist um 06:00 in Herborn (Lahn-Dill-Kreis) geboren; die astronomische Stunde ist 05:32. In dem BaZi hat diese männliche Person Yin-Metall (8) in der Stundensäule und Yin-Metall (8) in der Tagessäule. Da er im Jahre 2009 (als das BaZi berechnet wurde) 57 Jahre alt ist, befindet er sich in dem Jahreszyklus 52-61 und hat in der Säule des Jahreszyklus nochmal Yin-Metall (8) – d. h.: er hat insgesamt dreimal Metall-Yin in den Stämmen. In der Stundensäule hat er den Ast Holz-Yin (IV) und in der Monatssäule den Stamm Yin-Holz (2), also insgesamt zweimal Yin-Holz. Er hat demnach insgesamt zweimal Yin-Feuer in den Ästen, einmal in der Tagessäule (VI) und einmal in der Monatssäule (VI). In der Jahressäule hat er einen Yang-Ast (V), der zum Element Erde gehört. Er hat zweimal Wasser, einmal Yang (9) als Jahresstamm und einmal Yin (XII) in dem Jahreszyklus als Ast.

Anhang 1: Einige BaZi-Berechnungen wurden mit der freundlichen Genehmigung der jeweiligen Personen veröffentlicht, andere Geburtsdaten sind frei gewählt.

Alle Bazi-Berechnungen sind im Jahre 2009 berechnet worden.

BaZi 1

Erklärung →

Beispielberechnung

Geburtsdatum:	4.6.1952
Geburtsort:	Herborn (Lahn-Dill-Kreis)
Astronomische Geburtsstunde:	05:32

		Stunde	Tag	Monat	Jahr
Stamm		Metall	Metall	Holz	Wasser
		8	8	2	9
		Yin	Yin	Yin	Yang
Ast		Yin	Yin	Yin	Yang
		IV	VI	VI	V
		Holz	Feuer	Feuer	Erde

Wasser Yin

8
XII
M -
W -

Metall Yin

Jahreszyklen

10	9	***8***	7	6	5	4	3	2	
II	I	***XII***	XI	X	IX	VIII	VII	VI	
W -	W +	***M*** -	M +	E -	E +	F -	F +	H -	
E -	W +	***W*** -	E +	M -	M +	E -	F +	F -	
(+ 80)	(+ 70)	(+ 60)	(+ 50)	(+ 40)	(+ 30)	(+ 20)	(+ 10)	***1***	
72-81	62-71	52-61	42-51	32-41	22-31	12-21	2-11	Alter	

2
VI
W -
E -

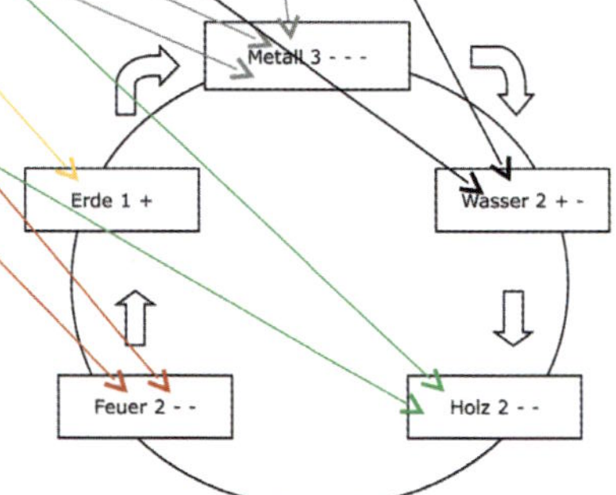

H = Holz
F = Feuer
E = Erde
M = Metall
W = Wasser

Minus = Yin
Plus = Yang

BaZi 2

Weiblich

Geburtsdatum:	15.1.1962
Geburtsort:	Berlin
Astronomische Geburtsstunde:	01:50

	Stunde	Tag	Monat	Jahr
Stamm	Wasser	Wasser	Metall	Metall
	10	10	8	8
	Yin	Yin	Yin	Yin
Ast	Yin	Yin	Yin	Yin
	II	II	II	II
	Erde	Erde	Erde	Erde

Jahreszyklen

6	5	4	3	**2**	1	10	9	8
X	IX	VIII	VII	***VI***	V	IV	III	II
E -	E +	F -	F +	***H -***	H +	W -	W +	M -
M -	M +	E -	F +	***F -***	E +	H -	H +	E -
(+ 80)	(+ 70)	(+ 60)	(+ 50)	(+ 40)	(+ 30)	(+ 20)	(+ 10)	***7***
78-87	68-77	58-67	48-57	38-47	28-37	18-27	8-17	Alter

8
II
M -
E -

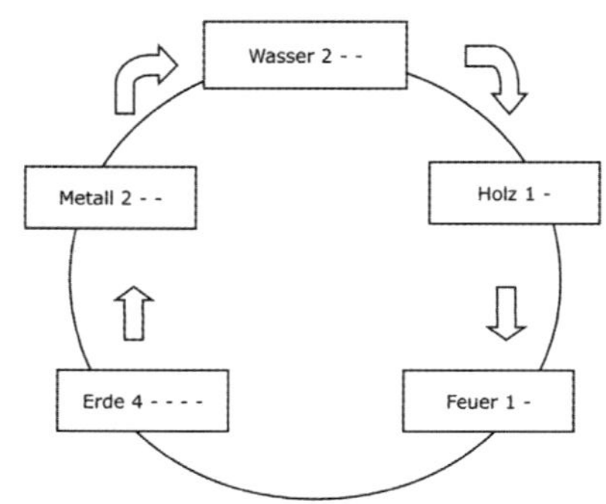

BaZi 3

Weiblich

Geburtsdatum:	09.01.1978
Geburtsort:	Dimitrovgrad (Bulgarien)
Astronomische Geburtsstunde:	00:10

	Stunde	Tag	Monat	Jahr
Stamm	Metall	Wasser	Wasser	Feuer
	7	9	10	4
	Yang	Yang	Yin	Yin
Ast	Yang	Yang	Yin	Yin
	I	IX	II	VI
	Wasser	Metall	Erde	Feuer

Jahreszyklen

8	7	6	5	4	***3***	2	1	10
X	IX	VIII	VII	VI	***V***	IV	III	II
M -	M +	E -	E +	F -	***F +***	H -	H +	W -
M -	M +	E -	F +	F -	***E +***	H -	H +	E -
(+ 80)	(+ 70)	(+ 60)	(+50)	(+ 40)	(+ 30)	(+ 20)	(+ 10)	***8***
79-88	69-78	59-68	49-58	39-48	29-38	19-28	9-18	Alter

←

10
II
W -
E -

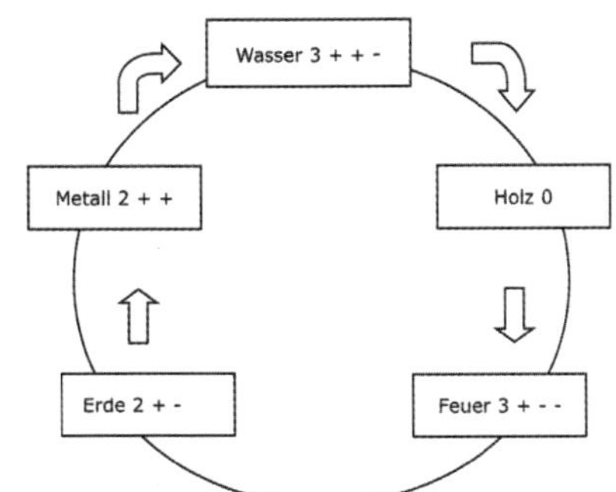

BaZi 4

Weiblich

Geburtsdatum:	10.08.1955
Geburtsort:	Berlin
Astronomische Geburtsstunde:	20:57

	Stunde	Tag	Monat	Jahr
Stamm	Wasser	Wasser	Holz	Holz
	9	10	1	2
	Yang	Yin	Yang	Yin
Ast	Yang	Yin	Yang	Yin
	XI	IV	IX	VIII
	Erde	Holz	Metall	Erde

Jahreszyklen

9	8	7	***6***	5	4	3	2	1
V	IV	III	***II***	I	XII	XI	X	IX
W +	M -	M +	***E -***	E +	F -	F +	H -	H +
E +	H -	H +	***E -***	W +	W -	E +	M -	M +
(+ 80)	(+ 70)	(+ 60)	(+ 50)	(+ 40)	(+ 30)	(+ 20)	(+ 10)	***10***
81-90	71-80	61-70	51-60	41-50	31-40	21-30	11-20	

←

1
IX
H +
M +

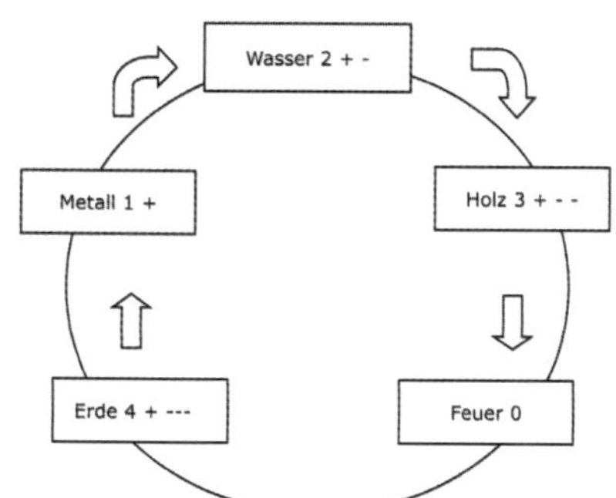

BaZi 5

Weiblich

Geburtsdatum:	04.03.1944
Geburtsort:	Tychowo (Polen)
Astronomische Geburtsstunde:	06:20

	Stunde	Tag	Monat	Jahr
Stamm	Wasser	Feuer	Feuer	Holz
	10	4	3	1
	Yin	Yin	Yang	Yang
Ast	Yin	Yin	Yang	Yang
	IV	IV	III	IX
	Holz	Holz	Holz	Metall

Jahreszyklen

5	6	***7***	8	9	10	1	2	3
VII	VIII	***IX***	X	XI	XII	I	II	III
E -	E -	***M +***	M -	W +	W -	H +	H -	F +
F -	E -	***M +***	M -	E +	W -	W +	E -	H +
(+ 80)	(+ 70)	(+ 60)	(+ 50)	(+ 40)	(+ 30)	(+ 20)	(+ 10)	***9***
80-89	70-79	60-69	50-59	40-49	30-39	20-29	10-19	Alter

→

3
III
F +
H +

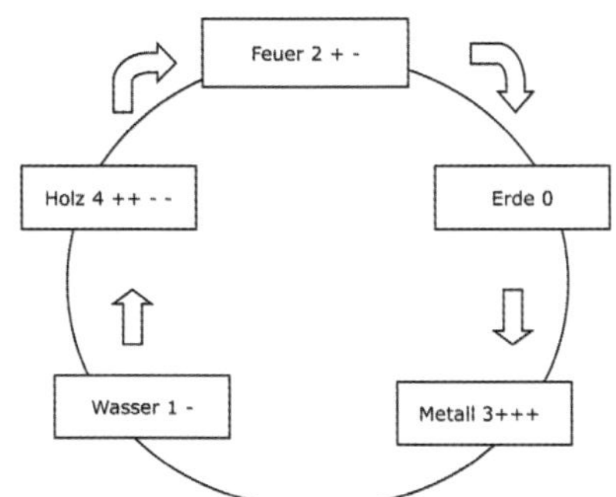

BaZi 6

Weiblich

Geburtsdatum:	23.07.1965
Geburtsort:	Frankfurt
Astronomische Geburtsstunde:	04:15

	Stunde	Tag	Monat	Jahr
Stamm	Holz	Erde	Wasser	Holz
	1	5	10	2
	Yang	Yang	Yin	Yin
Ast	Yang	Yang	Yin	Yin
	III	III	VIII	VI
	Holz	Holz	Erde	Feuer

Jahreszyklen

8	7	6	***5***	4	3	2	1	10
IV	III	II	***I***	XII	XI	X	IX	VIII
M -	M +	E -	***E +***	F -	F +	H -	H +	W -
H -	H +	E -	***W +***	W -	E +	M -	M +	E -
(+ 80)	(+ 70)	(+ 60)	(+ 50)	(+ 40)	(+ 30)	(+ 20)	(+ 10)	***5***
76-85	66-75	56-65	46-55	36-45	26-35	16-25	6 -15	Alter

←

10
VIII
W -
E -

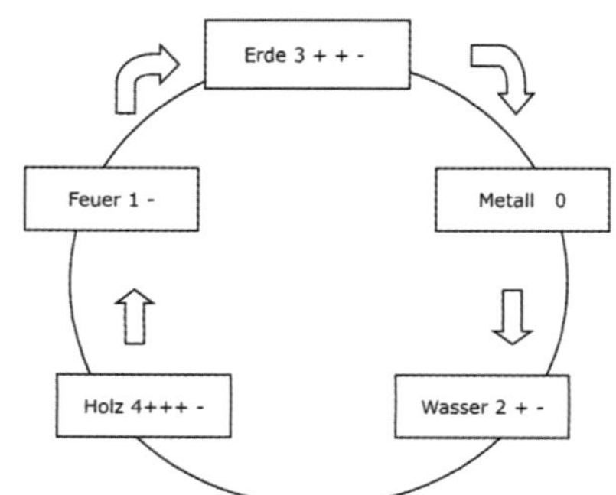

BaZi 7

Männlich

Geburtsdatum:	16.02.1949
Geburtsort:	Dresden
Astronomische Geburtsstunde:	11:40

	Stunde	Tag	Monat	Jahr
Stamm	Feuer	Feuer	Feuer	Erde
	3	4	3	6
	Yang	Yin	Yang	Yin
Ast	Yang	Yin	Yang	Yin
	VII	II	III	II
	Feuer	Erde	Holz	Erde

Jahreszyklen

5	6	***7***	8	9	10	1	2	3
VII	VIII	***IX***	X	XI	XII	I	II	III
E +	E -	***M +***	M -	W +	W -	H +	H -	F +
F +	E -	***M +***	M -	E +	W -	W +	E -	H +
(+ 80)	(+ 70)	(+ 60)	(+ 50)	(+ 40)	(+ 30)	(+ 20)	(+ 10)	***4***
75-84	65-74	55-64	45-54	35-44	25-34	15-24	5-14	Alter

→

3
III
F +
H +

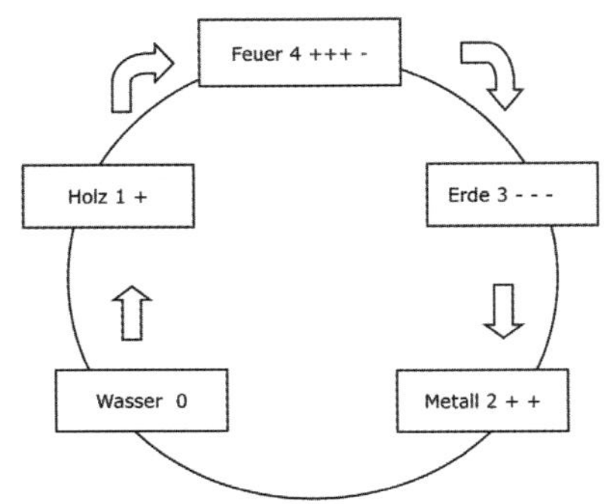

BaZi 8

Weiblich

Geburtsdatum:	20.04.1941
Geburtsort:	Neu-Isenburg
Astronomische Geburtsstunde:	16:35

	Stunde	Tag	Monat	Jahr
Stamm	Metall	Erde	Wasser	Metall
	7	5	9	8
	Yang	Yang	Yang	Yin
Ast	Yang	Yang	Yang	Yin
	IX	XI	V	VI
	Metall	Erde	Erde	Feuer

Jahreszyklen

7	***6***	5	4	3	2	1	10	9
I	***XII***	XI	X	IX	VIII	VII	VI	V
M +	***E -***	E +	F -	F +	H -	H +	W -	W +
W +	***W -***	E +	M -	M +	E -	F +	F -	E +
(+ 80)	(+ 70)	(+ 60)	(+ 50)	(+ 40)	(+ 30)	(+ 20)	(+ 10)	***5***
76-85	66-75	56-65	46-55	36-45	26-35	16-25	6-15	Alter

←

9
V
W +
E +

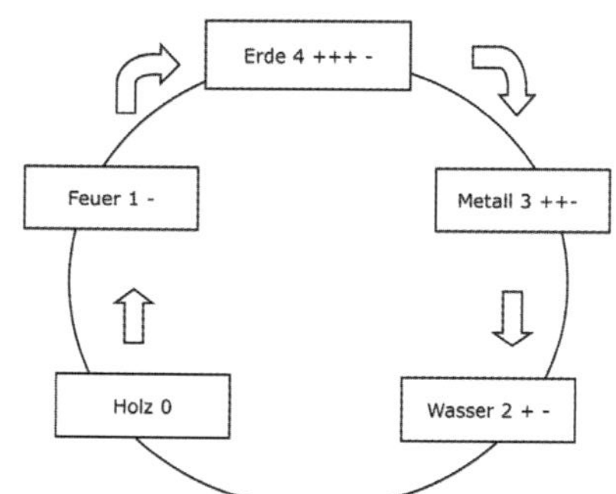

BaZi 9

Weiblich

Geburtsdatum:	23.10.1983
Geburtsort:	Hamburg
Astronomiche Geburtsstunde:	01:55

	Stunde	Tag	Monat	Jahr
Stamm	Holz	Holz	Wasser	Wasser
	2	1	9	10
	Yin	Yang	Yang	Yin
Ast	Yin	Yang	Yang	Yin
	II	IX	XI	XII
	Erde	Metall	Erde	Wasser

Jahreszyklen

7	6	5	4	3	***2***	1	10	9
VII	VI	V	IV	III	***II***	I	XII	XI
M +	E -	E +	F -	F +	***H -***	H +	W -	W +
F +	F -	E +	H -	H +	***E -***	W +	W -	E +
(+ 80)	(+ 70)	(+ 60)	(+ 50)	(+ 40)	(+ 30)	(+ 20)	(+ 10)	***5***
76-85	66-75	56-65	46-55	36-45	26-35	16-25	6-15	Alter

9
XI
W +
E +

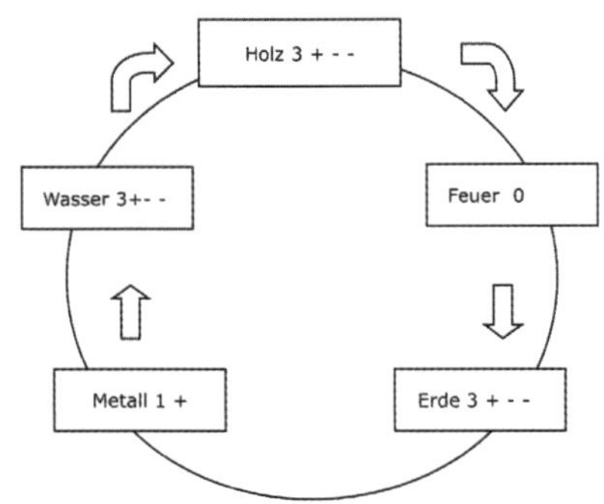

BaZi 10

Männlich

Geburtsdatum:	16.09.1986
Geburtsort:	München
Astronomiche Geburtsstunde:	04:10

	Stunde	Tag	Monat	Jahr
Stamm	Holz	Wasser	Feuer	Feuer
	1	10	4	3
	Yang	Yin	Yin	Yang
Ast	Yang	Yin	Yin	Yang
	III	XII	X	III
	Holz	Wasser	Metall	Holz

Jahreszyklen

2	1	10	9	8	***7***	6	5	4
VI	V	IV	III	II	***I***	XII	XI	X
H -	H +	W -	W +	M -	***M +***	E -	E +	F -
F -	E +	H -	H +	E -	***W +***	W -	E +	M -
(+ 80)	(+ 70)	(+ 60)	(+ 50)	(+ 40)	(+ 30)	(+ 20)	(+ 10)	***7***
78-87	68-77	58-67	48-57	38-47	28-37	18-27	8-17	Alter

4
X
F -
M -

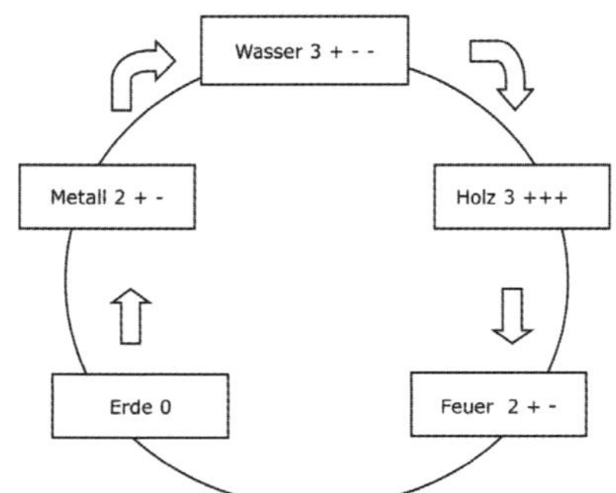

BaZi 11

Männlich

Geburtsdatum:	31.12.1956
Geburtsort:	Frankfurt
Astronomische Geburtsstunde	14:05

	Stunde	Tag	Monat	Jahr
Stamm	Holz	Feuer	Erde	Holz
	2	3	5	2
	Yin	Yang	Yang	Yin
Ast	Yin	Yang	Yang	Yin
	VIII	III	I	VIII
	Erde	Holz	Wasser	Erde

Jahreszyklen

7	8	9	***10***	1	2	3	4	5
V	VI	VII	***VIII***	IX	X	XI	XII	I
M +	M -	W +	***W -***	H +	H -	F +	F -	E +
E +	F -	F +	***E -***	M +	M -	E +	W -	W +
(+ 80)	(+ 70)	(+ 60)	(+50)	(+ 40)	(+ 30)	(+ 20)	(+ 10)	***8***
79-88	69-78	59-68	49-58	39-48	29-38	19-28	9-18	Alter

→

5
I
E +
W +

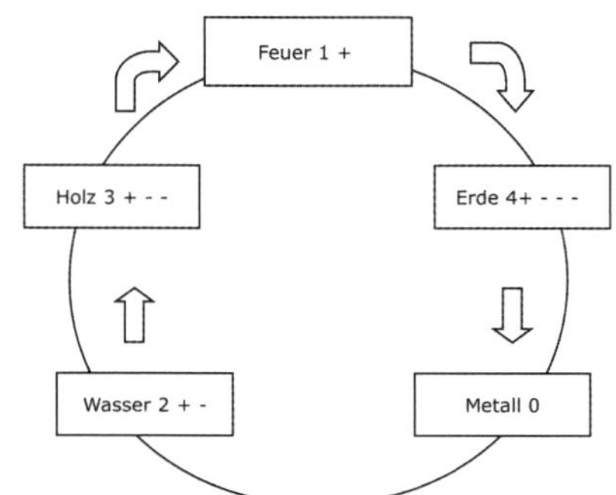

BaZi 12

Männlich

Geburtsdatum:	08.03.1964
Geburtsort:	Istanbul (Türkei)
Astronomische Geburtsstunde:	18:30

	Stunde	Tag	Monat	Jahr
Stamm	Feuer	Feuer	Feuer	Holz
	4	3	4	1
	Yin	Yang	Yin	Yang
Ast	Yin	Yang	Yin	Yang
	X	V	IV	V
	Metall	Erde	Holz	Erde

Jahreszyklen

2	1	10	9	***8***	7	6	5	4
XII	XI	X	IX	***VIII***	VII	VI	V	IV
H -	H +	W -	W +	***M -***	M +	E -	E +	F -
W -	E +	M -	M +	***E -***	F +	F -	E +	H -
(+ 80)	(+ 70)	(+ 60)	(+ 50)	(+ 40)	(+ 30)	(+ 20)	(+ 10)	***9***
80-89	70-79	60-69	50-59	40-49	30-39	20-29	10-19	

4
IV
F -
H -

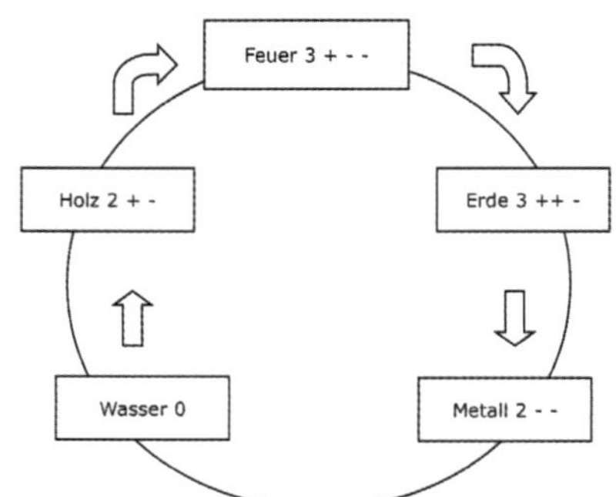

BaZi 13

Männlich

Geburtsdatum:	27.05.1933
Geburtsort:	Fulda
Astronomische Geburtsstunde:	14:20

	Stunde	Tag	Monat	Jahr
Stamm	Erde	Wasser	Feuer	Wasser
	6	10	4	10
	Yin	Yin	Yin	Yin
Ast	Yin	Yin	Yin	Yin
	VIII	VI	VI	X
	Erde	Feuer	Feuer	Metall

Jahreszyklen

6	7	8	9	10	1	2	3	4
X	XI	XII	I	II	III	IV	V	VI
E -	M +	M -	W +	W -	H +	H -	F +	F -
M -	E +	W -	W +	E -	H +	H -	E +	F -
(+ 80)	(+ 70)	(+ 60)	(+ 50)	(+ 40)	(+ 30)	(+ 20)	(+ 10)	***7***
78-87	68-77	58-67	48-57	38-47	28-37	18-27	8-17	Alter

→

4
VI
F -
F -

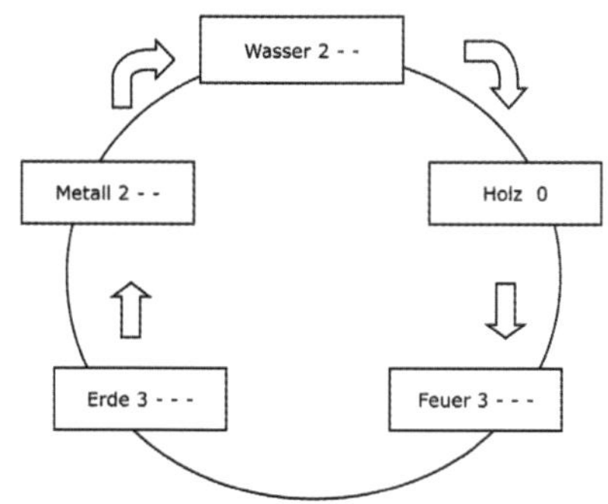

BaZi 14

Weiblich

Geburtsdatum:	15.02.1985
Geburtsort:	Berlin
Astronomische Geburtsstunde:	13:20

	Stunde	Tag	Monat	Jahr
Stamm	Wasser	Holz	Erde	Holz
	10	2	5	2
	Yin	Yin	Yang	Yin
Ast	Yin	Yin	Yang	Yin
	VIII	X	III	II
	Erde	Metall	Holz	Erde

Jahreszyklen

3	2	1	10	9	8	***7***	6	5
XI	X	IX	VIII	VII	VI	***V***	IV	III
F +	H -	H +	W -	W +	M -	***M +***	E -	E +
E +	M -	M +	E -	F +	F -	***E +***	H -	H +
(+ 80)	(+ 70)	(+ 60)	(+ 50)	(+ 40)	(+ 30)	(+ 20)	(+ 10)	***6***
77-86	67-76	57-66	47-56	37-46	27-36	17-26	7-16	Alter

5
III
E +
H +

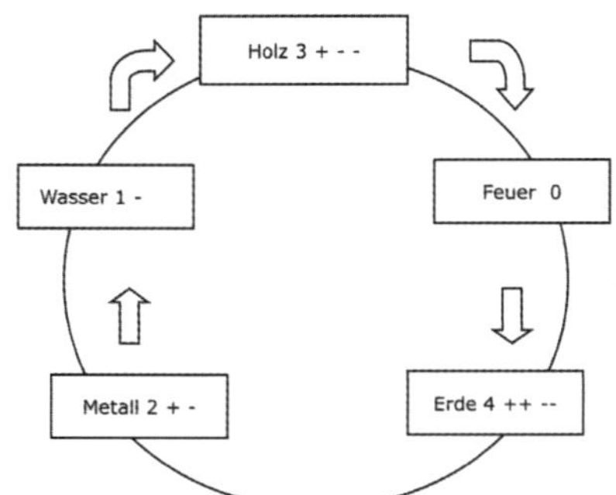

BaZi 15

Männlich

Geburtsdatum:	23.09.1930
Geburtsort:	Ingolstadt
Astronomische Geburtsstunde:	10:00

	Stunde	Tag	Monat	Jahr
Stamm	Wasser	Feuer	Holz	Metall
	10	3	2	7
	Yin	Yang	Yin	Yang
Ast	Yin	Yang	Yin	Yang
	VI	I	X	VII
	Feuer	Wasser	Metall	Feuer

Jahreszyklen

10	9	8	7	6	5	4	3	2
VI	V	IV	III	II	I	XII	XI	X
W -	W +	M -	M +	E -	E +	F -	F +	H -
F -	E +	H -	H +	E -	W +	W -	E +	M -
(+ 80)	(+ 70)	(+ 60)	(+ 50)	(+ 40)	(+ 30)	(+ 20)	(+ 10)	***5***
76-85	66-75	56-65	46-55	36-45	26-35	16-25	6-15	Alter

←

2
X
H -
M -

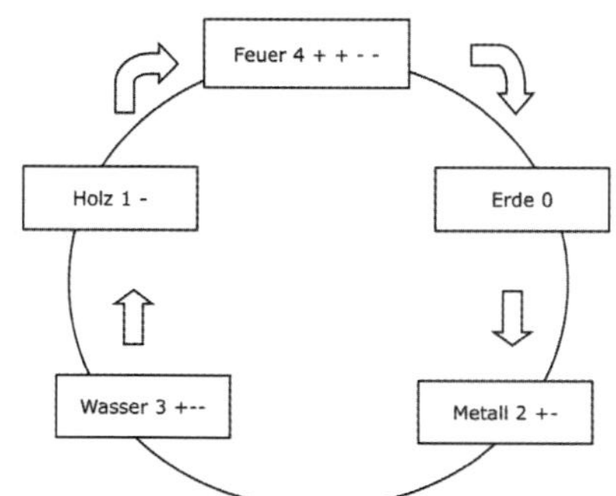

BaZi 16

Weiblich

Geburtsdatum:	09.12.1963
Geburtsort:	Salzgitter
Astronomische Geburtsstunde:	14:10

	Stunde	Tag	Monat	Jahr
Stamm	Holz	Feuer	Holz	Wasser
	2	3	1	10
	Yin	Yang	Yang	Yin
Ast	Yin	Yang	Yang	Yin
	VIII	XI	I	IV
	Erde	Erde	Wasser	Holz

Jahreszyklen

9	8	7	6	***5***	4	3	2	1
IX	VIII	VII	VI	***V***	IV	III	II	I
W +	M -	M +	E -	***E +***	F -	F +	H -	H +
M +	E -	F +	F -	***E +***	H -	H +	E -	W +
(+ 80)	(+ 70)	(+ 60)	(+ 50)	(+ 40)	(+ 30)	(+ 20)	(+ 10)	***9***
80-89	70-79	60-69	50-59	40-49	30-39	20-29	10-19	Alter

←

1
I
H +
W +

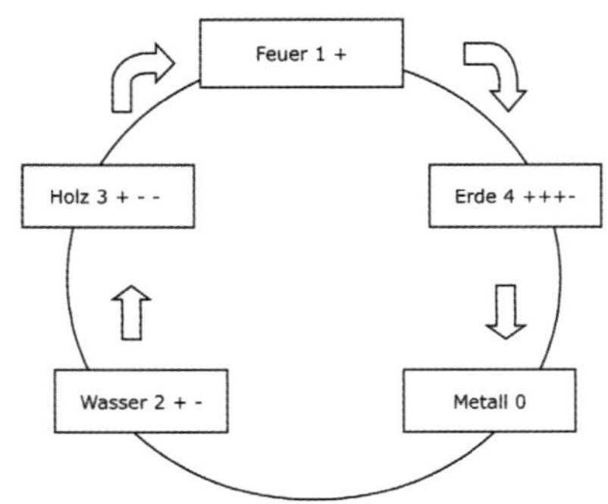

BaZi 17

Weiblich

Geburtsdatum:	13.03.1958
Geburtsort:	Tokyo
Astronomische Geburtsstunde:	05:20

	Stunde	Tag	Monat	Jahr
Stamm	Feuer	Erde	Holz	Erde
	4	6	2	5
	Yin	Yin	Yin	Yang
Ast	Yin	Yin	Yin	Yang
	IV	II	IV	XI
	Holz	Erde	Holz	Erde

Jahreszyklen

4	5	***6***	7	8	9	10	1	2
VIII	IX	***X***	XI	XII	I	II	III	IV
F -	E +	***E -***	M +	M -	W +	W -	H +	H -
E -	M +	***M -***	E +	W -	W +	E -	H +	H -
(+ 80)	(+ 70)	(+ 60)	(+ 50)	(+ 40)	(+ 30)	(+ 20)	(+ 10)	***2***
73-82	63-72	53-62	43-52	33-42	23-32	13-22	3-12	

→

2
IV
H -
H -

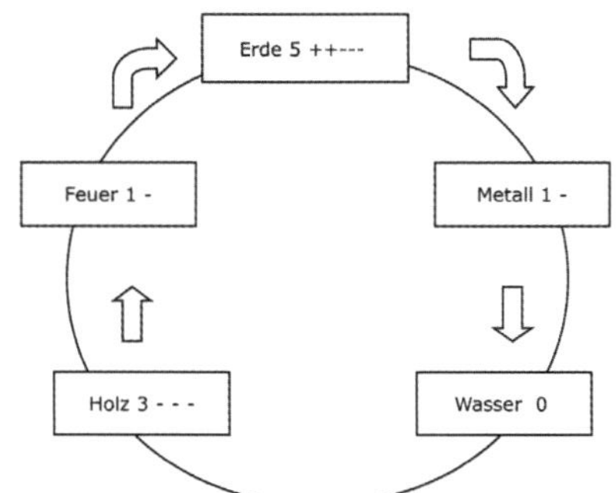

BaZi 18

Weiblich

Geburtsdatum:	18.01.2007
Geburtsstunde:	Danzig
Astronomische Geburtsstunde:	02:50

	Stunde	Tag	Monat	Jahr
Stamm	Metall	Wasser	Metall	Feuer
	8	9	8	3
	Yin	Yang	Yin	Yang
Ast	Yin	Yang	Yin	Yang
	II	I	II	XI
	Erde	Wasser	Erde	Erde

Jahreszyklen

10	1	2	3	4	5	6	7	***8***	→	8
VI	VII	VIII	IX	X	XI	XII	I	***II***		II
W -	H +	H -	F +	F -	E +	E -	M +	***M -***		M -
F -	F +	E -	M +	M -	E +	W -	W +	***E -***		E -
(+ 80)	(+ 70)	(+ 60)	(+ 50)	(+ 40)	(+ 30)	(+ 20)	(+ 10)	***4***		
75-84	65-74	55-64	45-54	35-44	25-34	15-24	5-14	Alter		

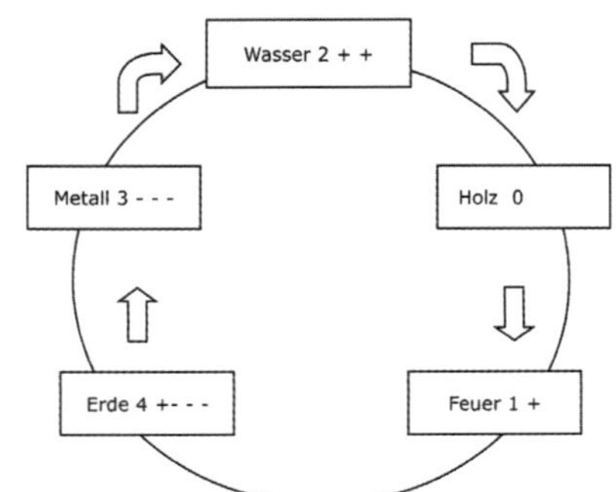

BaZi 19

Männlich

Geburtsdatum:	28.07.2004
Geburtsort:	Bremen
Astronomische Geburtsstunde:	22:28

	Stunde	Tag	Monat	Jahr
Stamm	Wasser	Erde	Metall	Holz
	10	5	8	1
	Yin	Yang	Yin	Yang
Ast	Yin	Yang	Yin	Yang
	XII	IX	VIII	IX
	Wasser	Metall	Erde	Metall

Jahreszyklen

6	5	4	3	2	1	10	***9***	8
IV	III	II	I	XII	XI	X	***IX***	VIII
E -	E +	F -	F +	H -	H +	W -	***W +***	M -
H -	H +	E -	W +	W -	E +	M -	***M +***	E -
(+ 80)	(+ 70)	(+ 60)	(+ 50)	(+ 40)	(+ 30)	(+ 20)	(+ 10)	***3***
74-83	64-73	54-63	44-53	34-43	24-33	14-23	4-13	

8
VIII
M -
E -

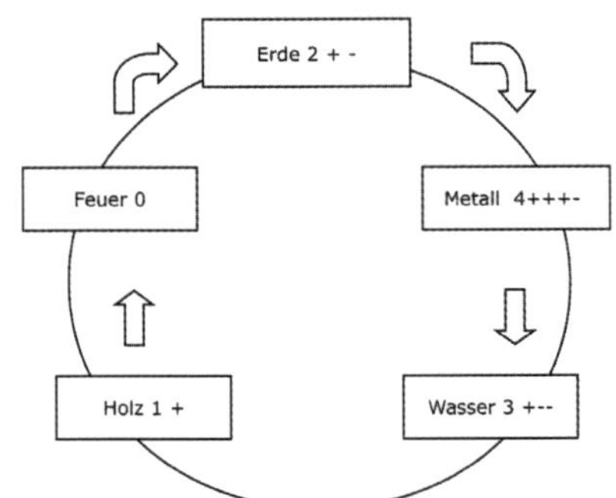

BaZi 20

Weiblich

Geburtsdatum:	09.05.2001
Geburtsort:	Wetzlar
Astronomische Geburtsstunde:	06:35

	Stunde	Tag	Monat	Jahr
Stamm	Wasser	Wasser	Wasser	Metall
	10	9	10	8
	Yin	Yang	Yin	Yin
Ast	Yin	Yang	Yin	Yin
	IV	IX	VI	VI
	Holz	Metall	Feuer	Feuer

Jahreszyklen

8	7	6	5	4	3	2	***1***	10
II	I	XII	XI	X	IX	VIII	***VII***	VI
M -	M +	E -	E +	F -	F +	H -	***H +***	W -
E -	W +	W -	E +	M -	M +	E -	***F +***	F -
(+ 80)	(+ 70)	(+ 60)	(+ 50)	(+ 40)	(+ 30)	(+ 20)	(+ 10)	***9***
80-89	70-79	60-69	50-59	40-49	30-39	20-29	10-19	Alter

←

10
VI
W -
F -

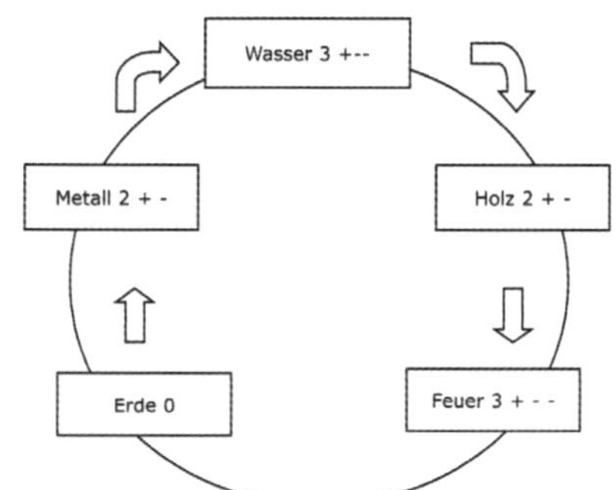

BaZi 21

Weiblich

Geburtsdatum:	26.11.2006
Geburtsort:	Frankfurt
Astronomische Geburtsstunde:	06:33

	Stunde	Tag	Monat	Jahr
Stamm	Feuer	Erde	Erde	Feuer
	4	6	6	3
	Yin	Yin	Yin	Yang
Ast	Yin	Yin	Yin	Yang
	IV	VIII	XII	XI
	Holz	Erde	Wasser	Erde

Jahreszyklen

8	9	10	1	2	3	4	5	***6***
IV	V	VI	VII	VIII	IX	X	XI	***XII***
M -	W +	W -	H +	H -	F +	F -	E +	***E -***
H -	E +	F -	F +	E -	M +	M -	E +	***W -***
(+ 80)	(+ 70)	(+ 60)	(+ 50)	(+ 40)	(+ 30)	(+ 20)	(+ 10)	***6***
77-86	67-76	57-66	47-56	37-46	27-36	17-26	7-16	Alter

→

6
XII
E -
W -

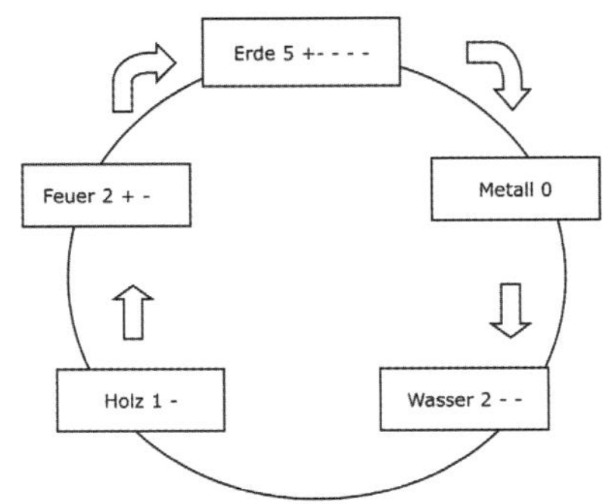

BaZi 22

Weiblich

Geburtsdatum:	21.08.2005
Geburtsort:	Lübeck
Astronomische Geburtsstunde:	07:30

	Stunde	Tag	Monat	Jahr
Stamm	Holz	Feuer	Holz	Holz
	1	4	1	2
	Yang	Yin	Yang	Yin
Ast	Yang	Yin	Yang	Yin
	V	II	IX	X
	Erde	Erde	Metall	Metall

Jahreszyklen

9	8	7	6	5	4	3	2	***1***
V	IV	III	II	I	XII	XI	X	***IX***
W +	M -	M +	E -	E +	F -	F +	H -	***H +***
E +	H -	H +	E -	W +	W -	E +	M -	***M +***
(+ 80)	(+ 70)	(+ 60)	(+ 50)	(+ 40)	(+ 30)	(+ 20)	(+ 10)	***6***
77-86	67-76	57-66	47-56	37-46	27-36	17-26	7-16	Alter

1
IX
H +
M +

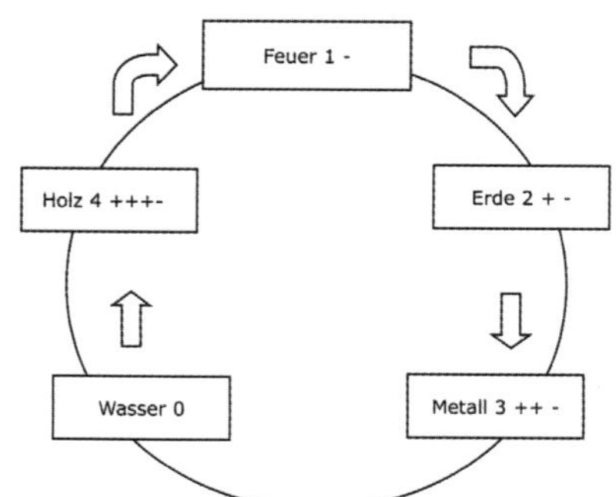

Anhang 2

Jahr	fängt am
1900	04.02.
1901	04.02.
1902	05.02.
1903	05.02.
1904	05.02.
1905	04.02.
1906	05.02.
1907	05.02.
1908	05.02.
1909	04.02.
1910	05.02.
1911	05.02.
1912	05.02.
1913	04.02.
1914	04.02.
1915	05.02.
1916	05.02.
1917	04.02.
1918	04.02.
1919	05.02.
1920	05.02.
1921	04.02.
1922	04.02.
1923	05.02.
1924	05.02.
1925	04.02.
1926	04.02.
1927	05.02.
1928	05.02.
1929	04.02.
1930	04.02.
1931	05.02.
1932	05.02.
1933	04.02.
1934	04.02.
1935	05.02.
1936	05.02.
1937	04.02.
1938	04.02.

Jahr	fängt am
1939	05.02.
1940	05.02.
1941	04.02.
1942	04.02.
1943	05.02.
1944	05.02.
1945	04.02.
1946	04.02.
1947	04.02.
1948	05.02.
1949	04.02.
1950	04.02.
1951	04.02.
1952	05.02.
1953	04.02.
1954	04.02.
1955	04.02.
1956	05.02.
1957	04.02.
1958	04.02.
1959	04.02.
1960	05.02.
1961	04.02.
1962	04.02.
1963	04.02.
1964	05.02.
1965	04.02.
1966	04.02.
1967	04.02.
1968	05.02.
1969	04.02.
1970	04.02.
1971	04.02.
1972	05.02.
1973	04.02.
1974	04.02.
1975	04.02.
1976	05.02.
1977	04.02.

Jahr	fängt am
1978	04.02.
1979	04.02.
1980	05.02.
1981	04.02.
1982	04.02.
1983	04.02.
1984	04.02.
1985	04.02.
1986	04.02.
1987	04.02.
1988	04.02.
1989	04.02.
1990	04.02.
1991	04.02.
1992	04.02.
1993	04.02.
1994	04.02.
1995	04.02.
1996	04.02.
1997	04.02.
1998	04.02.
1999	04.02.
2000	04.02.
2001	04.02.
2002	04.02.
2003	04.02.
2004	04.02.
2005	04.02.
2006	04.02.
2007	04.02.
2008	04.02.
2009	04.02.
2010	04.02.
2011	04.02.
2012	04.02.
2013	04.02.
2014	04.02.
2015	04.02.
2016	04.02.

Weitere Titel zum Thema Feng Shui

Der gelbe Pfad der Erde

Das Zusammenspiel von Bewusstsein, Kosmos und Feng Shui

Jochen Rubik

Das Aufzeigen der geomantischen Hintergründe, die mit den derzeitigen weltweiten Veränderungen einhergehen, ist das zentrale Anliegen des Feng Shui-Meisters Jochen Rubik mit diesem Buch. Dieses Buch zeigt, welche Besonderheiten hinsichtlich Zeit und Rhythmus zu beachten sind und gibt Orientierung in einer sich schnell ändernden Welt. Es verknüpft geomantisches Wissen mit spirituellen Wahrheiten aus Christentum, Buddhismus und Taoismus, mit anthroposophischem Wissen, Heilerwissen und Erkenntnissen der modernen Naturwissenschaften und stellt das Feng Shui-Wissen in einen umfassenden ganzheitlichen und aktuellen Zusammenhang.

146 S., kartoniert, ISBN: 978-3-939272-19-9

Das Märchen von den neun Sternlein

Die Methode der Fliegenden Sterne begreifbar gemacht

Hedwig Seipel

Dieses Buch erklärt an Hand einer Märchen-Geschichte anschaulich die Feng-Shui-Methode der fliegenden Sterne.
Ist Feng Shui ein Märchen? Nein, Feng Shui ist garantiert kein Märchen. Klassisches Feng Shui bietet eine Fülle an Methoden an. Die „Fliegenden Sterne" gehören zu den Methoden, die neben räumlichen (Himmelsrichtungen) auch zeitliche (Baujahr des Hauses) Einflüsse in der Analyse berücksichtigen.

182 S., m. Abb., kartioniert, ISBN: 978-3-940392-13-8

Feng Shui Erlebnisbuch

Neun Meditationen als Schlüssel zur Seele des Hauses

Franz-Karl Rösberg

Feng Shui geht auf die räumliche Situation der Bewohner ein und harmonisiert das äußere Umfeld. Inneres Feng Shui betrachtet die persönliche Lebenssituation des Menschen, um diese zu harmonisieren. Die 9 Schlüssel dieses Buches führen den Leser durch seinen inneren Raum und zeigen auf, wie sich dieser auch im Haus wiederspiegelt. Der Weg zum Erfolg vollzieht sich in 9 Phasen. Aufgrund innerer Blockaden wird die eigene Energie auf diesem Weg unterbrochen. Und genau hier beginnt die wundersame Wirkung von Feng Shui. Denn in den neun Bereichen der Wohnung ist genau diese Hemmung abzulesen und zu erkennen. In dem Moment, in dem man die Hausenergie verändert, nimmt man gleichsam Einfluss auf sein Leben. Ein Prozess der Heilung beginnt...

152 S., Hardcover, ISBN: 978-3-9810647-0-4

Herr Feng Shui weint

Dorit David

Ein kleines Bilderbuch für Erwachsene und Kinder. Die Zeichnungen mit den einfachen Texten nähern sich auf spielerische Weise dem Thema Feng Shui und erklären in Kürze einige Prinzipien und Zusammenhänge. Ein netter „Gag" für Fachleute, eine schöne Einführung für den Laien, ein schönes Geschenk. Herr Feng Shui weint ist kein „negatives" Buch, dies sei ob des Titel ausdrücklich betont. Herr Feng Shui weint, lacht nicht, aber... das könnte aber ja noch kommen...

30 S., illustriert, gebunden, ISBN: 978-3-940392-05-3

Herr Feng Shui und die Farben

Dorit David

Ein Buch für die spielerische, augenzwinkernde Einführung in das Thema „Feng Shui" mit Betonung auf die Charaktere der Farben.

52 S., illustriert, gebunden, ISBN: 978-3-940392-17-6

Synergia